ADHD会社員、フリーランスになる。

自分らしく生きるためのお仕事ハック

著 いしかわ ゆき

監修 Workship MAGAZINE

清流出版

はじめに

はじめまして。ライターのいしかわゆきです。フリーランスとしてインタビューをしたり、記事を書いたり、本を作ったりと、主に「書く」ことを生業《なりわい》としています。

わたしが「フリーランス」という言葉を知ったのは社会人4年目の春のことでした。

新卒で入った会社を1年半で辞めて、その転職先の会社も1年半で辞めたわたし。かなりのダメージと社会不適合者感を感じつつも、「次こそは……」という気持ちでまた新たな職場へと転職したばかりの頃。

当時、会社と家の往復を繰り返すだけの毎日のなかで、「このまま、ずっと自分の性質に苦しめられながら生きていくんだろうか」と思っていました。そこで、新しい生き方を模索しようと一念発起して入った、朝活を行う早起きコミュニティのなかで出会ったのが、「フリーランス」として働く人々の姿でした。

現役フリーランスが、「井の中の蛙《かわず》」であるわたしに与えた衝撃は、計り知れません。

会社に行く前の朝の時間を使い、みんなで読書をしたり、朝食を食べに行ったり、各々が充実した朝時間を送る早起きコミュニティでは、定時前になると「行ってきます」と出社していく人がほとんどでした。

そのなかで、最後まで残り続ける人がいました。それが、いわゆるフリーランスの人たちです。「このあと、どうするの？」と聞くと、「今からカフェに行って作業でもしようかな」「今日は特に決まってないよ」と彼らは言います。

どゆこと?????

働く場所も、働く時間も決まっていない。何なら今日やることすら決まっていないこともある。この人たちは一体何なんだろう。わたしが会社のデスクでポチポチと仕事をしているあいだに、この人たちは何をしているんだろう……！

わたしはこれまでに出会ったことのないような未知なる生き物たちに興味を抱き、じっくりと観察するようになりました。

ふむ、どうやらこの人たちは遊んでいるわけではないらしい。「フリー」という言葉は、どこか開放的な響きがあるものの、プー太郎のようにぷらぷらと当てもなく放浪しているわけでもなさそうです。

そして、一概に「フリー」と言っても、業種は多種多様なものがあるようです。当時コミュニティにいたのは「ライター」「エンジニア」「デザイナー」、なかには、

「自己理解コーチ」「グラフィックレコーダー」といった聞いたこともないような職業もあって、「いろんな仕事でフリーランスになれるんだなぁ」と驚いたものです。

さて、そんな人たちと密接に関わっているうちに、自分のなかに新たな感情が芽生え始めていることにも気づきました。


フリーランス、わたしにもできるんじゃないか。


そんな想いから漠然とフリーランスを目指すようになり、結果1年ほどでわたしはフリーランスになり、気づけば会社を辞めて数年が経ちました。

正直、ここまで長くフリーランスを続けられるとは思っていませんでした。ただ、未だに明日のことは不確かながらも、これまでずっとフリーランスをやって来られた、という揺るぎない事実がここにあります。

大変なこともあった一方で、今は会社員の頃よりもずっとずっと生きやすい。「もはや会社員に戻れないんじゃないか？」と思うぐらいに、この働き方が性に合っています。

この本には、そんなわたしの社会不適合ヒストリーから、フリーランスになるまでにやってきたこと、そしてフリーランスになってから体感したフリーランスのリアルと、フリーランスを生き抜くためのコツを詰め込んでいます。

フリーランスのことは全然わからないけど、リアルを知ってみたい。
自分にフリーランスという働き方が合うかどうか確かめたい。
フリーランスになるために必要なことが知りたい。
ＡＤＨＤの自分にとって、新しい選択肢がほしい。

そんな方はぜひ、次のページに進んでください。

唐突ですが……わたしは、基本的にこの世は苦しいことばかりだと思っています。生きるには運の要素が多分に影響してくるし、簡単な仕事なんてないし、ぶっちゃけ「仕事したくねぇな」と嘆いている日ばかりです。**でも、苦しいなかでも、どうせ生きなきゃいけないなら、最大限自分の心地よさを追求することを諦めたくない。**

正直、ここで話す内容はめちゃくちゃ属人的です。わたしはわたしが辿ってきた人生しか知らないので、再現性があるのかさっぱりわかりません。

それでも、「参考にしています」「ゆきさんのおかげでフリーランスになれました」という声をいただくなかで、フリーランスとしての一例を残しておくかと思い、筆を執るに至りました。

そんな、苦しくも楽しいフリーランスライフ。赤裸々にお見せしたいと思います。

CONTENTS

第2章

フリーランスになるための準備

第3章

ADHDフリーランスのお仕事獲得術

第4章 ADHDフリーランスのお仕事管理術

第5章 フリーランスに疲れたときは？

第6章

将来に繋がる仕事をするために

第1章

ADHDは
フリーランスに
向いている!?

そもそもフリーランスとは何なのか？

まず、「フリーランス」という言葉が一人歩きしているので、フリーランスについて話したい。あと、**フリーランスを舐め腐っている人もいるのでカウンターパンチを喰らわせてもええか？**

「フリーランス」とは、端的に言えば、**組織に所属せずに個人で仕事を請け負う働き方のことです。**

言葉の響きから「自由で楽しそう！」と思われがちだけど、**ぶっちゃけやっていることは会社員とあまり変わらなかったりします。**

衝撃的ですよね。わたしも当初は自由気ままな、スナフキンのようなイメージを抱いていました。でも、実際には組織に属していないだけで、会社員以上にバリバリ働いている人もいますし、ひとりブラック企業になっている人もいたりします。

「自分」という看板を背負って会社をひとりで経営しているような感覚。本来会社であれば、営業部や経理部、広報部など、機能によって部署が分かれていますが、**フリーランスはひとりで営業をかけて、請求書を作って、自分をアピールするための発信をします。**

自由と言えば自由。でも、制約がないぶん自己管理能力が求められるし、キャパオーバーして生活が大崩壊することもあります。

また、フリーランスと言えばデザイナーやライターなどのクリエイティブな職種をイメージする方も多いですが、実際には本当にさまざまな職種があります。秘書、パーソナルトレーナー、薬剤師、占い師……。世間的に需要があって対価をもらえるレベルのスキルや資格を持っていれば何でもアリなのです。

裏を返せば、「フリーランスになりたい！」という願いはかなり漠然としています。**なぜなら、フリーランスはあくまで「働き方の形態」であって、「職種」ではないからです。**会社員、派遣社員、アルバイト、フリーランス……みたいなね。

ここを勘違いしていると、フリーランスのキラキライメージに憧れて何となく会社を辞めちゃって大変なことになるので、先に書いておきました。フリーランスは職業名じゃないよ！

まとめ

フリーランスとは組織に属さずに個人で仕事を請け負う人のこと

フリーランスはADHDにこそ向いている!?

さて、それを踏まえてわたしの特性の話も。この本のタイトルからお察しのとおり、わたしはADHD（注意欠如・多動症）を抱えています。特徴として、忘れ物などをしてしまう「不注意」、思いつきで実行する「衝動性」、好きなことしか集中できない「多動性」などがあります。

これは、わたしが社会に出てからずっと悩まされてきたこと。人との違いが浮き彫りになり、失敗するたびに、「なんでこんな簡単なことができないんだ……」と落ち込み、どうしたら自分はまともに生きられるんだろうと頭を抱えていました。

時間感覚がうまく掴めず、時間がないのに目の前に本があれば読みふけって遅刻。「10分あれば支度できるでしょ」と根拠のない自信を持って遅刻……が日常茶飯事。

学校でもらったプリントはぐちゃぐちゃでランドセルの奥底に溜まり、スケジュールも確認しないので、宿題は当日の朝学校で殴り書き、教科書は全部置き勉。忘れ物・失くし物は何も珍しくありません。**給食袋や体操服の洗濯に成功したらマジ奇跡。**

話もマトモに聞いていないので、自分の当番じゃない日に花壇に水やりに行ったり、避難訓練で上履きのまま逃げなければいけないところを、わざわざ外履きに履き替えて逃げたり、調理実習用の食材を全部忘れて親に届けてもらったり、そんな毎日を過ごしました。

しかし、**家族からの絶大なサポート**があったおかげもあり、大学生になるまでは毎日目覚ましをかけずに寝ても叩き起こされ、車にぶち込まれ、支給されたバナナを食べながら学校に送り届けてもらえていたので労せずして皆勤賞でした。

大きな支障が出てきたのは大学生になってからです。3回連続で1時間寝坊してバイトをクビになったり、大学から徒歩2分圏内に住んでいたにも関わらず遅刻欠席を繰り返して単位を落としたり、講義中は爆睡を決め込んだりするようになりました。

それでもまだ危機感を覚えなかったのは、まわりの友人たちもみんな普通に授業をサボったり、出席を代わってもらったりしていたからです。「大学には自分みたいな人がいっぱいいるんだ!」と嬉しくなったのを覚えています。結局ほとんど勉強をせずに、バンドと酒に明け暮れるようなゴミカス大学生ライフを送りました。

ところが、そんな仲間たちに裏切られるハメになったのが就活が始まった頃。「ＥＳ（エントリーシート）」「面接」「グループワーク」……次々に降りかかってくるタスク、過密なスケジュール、そして一切の遅刻が許されない状況に、わたしの頭は爆発！

さらに、ふと隣を見れば仲間だと思っていた友人たちはこれらの難題をサクサクとこなしているではありませんか。そこで初めて、「どうも自分が一番できていないらしいぞ」と気づいたのです。

衝撃でした。**人並みに生きているつもりだったのに、人が当たり前にできることが、自分には全然できていなかったんだって。**

結局、ＥＳの締め切りを破りまくり、電車の遅延を言い訳に面接に遅刻しまくり、一度は就活を諦めてフリーターになるか……と選考を全部ブッチして家でののんびりしていたら親にバレて怒られたので、卒業間際に何とか就活を終了。もはややりたいこととかどうでもよくて、「好きなときに有給が取れて、ホワイト企業ならどこでもいい」状態でした。

当時はアルバイトとして働いていたケーキ工場でも、モンブラン100個をひっくり返したりと、引き続きやらかしまくりだったので、**「自分は社会に出てはいけない人材なのではないか?」**と本気で絶望していました。

その後は、面接1回のみで運よく拾ってもらった雑貨メーカーで営業として1年半ほど働いていたものの、電車がうまく乗りこなせずにアポに1時間遅刻したり、朝起きられなくてベッドのなかから勤怠報告をしたり、クライアントに商品説明がうまくできなくてトイレでギャン泣きしたりと、営業の仕事に限界を迎えて1年半でベンチャーのWeb広告代理店に転職。

それからまた1年半後、「Ｗｅｂ広告って形に残らないのが嫌だな……」とＷｅｂメディアの会社に転職し、憧れのライターになりました。そして3社目にして、**「やりたい仕事だったはずなのにしんどいのは、そもそも会社じゃなくて、会社員という働き方自体が合わないのかもしれない」**と思い切って退職し、今に至ります。

こうして、いろんな場所で働いてみて気づいたのは、**社会というのは実力だけでなく「常識」も評価してくるということ。**

仕事以前の問題として、「時間を守る」「大きな声で挨拶をする」「人と良好な関係を築く」「日報を毎日欠かさず記入する」といった、いわゆる「常識」はできて当たり前のものだとみなされます。

だからこそ、この「きちんと」ができない人たちは**「社会不適合者」**のレッテルを貼られ、「自分は働くのが向いていないんじゃないか?」と思い込む。そしてどんどん自信をなくしていき、ついには働くこと自体にネガティブな感情を抱いてしまう。

まさに自分がその状態でした。

でも、フリーランスになってから思ったんです。**「フリーランスこそ、ADHDのわたしが一番働きやすい働き方なんじゃないか?」**と。

まとめ

「きちんと」ができない人は生きづらさを感じがち

ダメな自分を変えなくてもいい？

ＡＤＨＤの症状は人によってさまざまなので一概には言えませんが、わたしには以下のようなものがありました。

・過集中
・遅刻が多い
・忘れ物が多い
・外部刺激に弱い
・人の話が聞けない
・マルチタスクができない

ところで、1社目のメーカー営業から2社目の広告代理店に転職したとき、わたしは衝撃を受けました。**誰も時間どおりに出社していなかったからです。**

……というのも、広告代理店での仕事は残業が多く、午前0時を過ぎても会社に残って仕事をしている人がほとんどだったので、朝の出社が1~2時間遅れようとも、黙認されるような文化があったんですね。

この環境は、自分にとっては大変快適でした。多少寝坊しようが、電車を間違えて遅れようが、誰にも咎《とが》められなかったからです。

さらに、わたしの主な仕事はデザイナーさんに広告を作ってもらい、チェックをして納品するような仕事だったので、ほとんど外に出ずに社内に留まることができ、コミュニケーションもすべてチャット完結だったので、コミュ障の自分にはぴったり!

「自分自身は前職から何も変わっていないのに、会社を変えるだけでこんなにも働きやすくなるんだ！」と感動したことを覚えています。

これが、「もしかしたら、ありのままの自分でも働ける環境があるのかも」と気づいた原体験です。**環境を変えるだけで、自分のダメなところが目立たなくなるんだ、と。**

一方で、その他の特性である「過集中」や「外部刺激に弱い」という点においては、仕事を中断して会議に参加するのがひどく苦痛だったり、いきなり話しかけられると驚いて飛び上がってしまったりと、依然解決されないままでした。

自分の席でじっとしていると、まわりからの視線や音が気になるので、会議室にこもって仕事をしていたこともあります。

それが、フリーランスになってからは、自分で裁量を持って自分のペースで仕事ができるようになったので、これまで会社員の仕事のなかではマイナスとなっていた「過集中」という要素が活きて、仕事が速くできるようになりました。

会社員時代よりも勤務時間は減っているはずなのに、同程度の仕事をこなしているので、フリーランスとしての環境は自分にすごく合っているのだと思います。長年悩んでいた遅刻癖も、時間に厳しい仕事を避けたり、周囲に協力してもらうことで何とかなることもわかりました。

フリーランスになったことで、虫ケラみたいになっていた自己肯定感が、ちょっとだけ戻ってきたような感覚がありました。

残念ながら、わたしの「性質」自体はほとんど変わっていません。**でも、働く環境を変えたことで、「社会不適合者」ではなくなったんです。**たぶん。

ちなみに、さっきから「社会不適合」と何度も言っているけど、この「社会」というのは、あくまで一部分の社会であって、社会全体のことではありません。社会全体を変えることは難しいと思います。でも、自分の半径5メートル程度の社会なら変えることができる。実際に、わたしは1度転職をしただけでも「不適合感」がちょっと薄れたのを実感しました。

「自分は仕事ができないのではなく、まだ自分に合った働き方が見つけられていないだけ」。そう思えたら、ちょっぴり希望が湧いてきませんか?

ダメダメな自分を否定して苦しくなったら、働く場所を変えてみるのもひとつの手。その選択肢のなかのひとつに、「フリーランス」があると考えています。

まとめ

社会全体は変えられなくても、半径5メートルの社会は変えられる

知れば知るほど嫌になる。フリーランスのデメリット

さて、ここまで散々「フリーランスになってよかった〜!」と言いながらも、実はわたし、**フリーランスをめちゃくちゃ推奨しているわけではありません。**いきなり突き放してごめんよ。

フリーランスとして働けば働くほど、この働き方は安易に人に勧めるもんじゃないなと思うことばかりです。

なぜなら、フリーランスを続ければ続けるほど、**「デメリットが大きすぎる」**と感じることが多いから。

実際に、フリーランスになるとき、経理として働いている友人には全力で止めら

れました。「できる限り会社員でいたほうがいいよ。会社員のほうが国の制度的にも圧倒的に優遇されているんだから！」と。ちなみに一番おいしいのは会社員として恩恵を受けつつ、副業で収入を上乗せすることなのだそうです。そりゃそうだ。

それも踏まえて、**フリーランスになるときに会社員とフリーランスのどちらがいいのか、メリット・デメリットを何度も天秤にかけました。**わたしが当時考えていたのは以下のようなデメリットです。

〈会社員を辞めるデメリット〉

・会社に所属していないので、会社の名前が使えなくなる
・有給休暇、社会保険、交通費支給など、会社の福利厚生がなくなる
・快適なオフィスがなくなる
・上司や同僚がいないので孤独になる
・研修がないので成長機会を失う

・会社からの毎月決まったお給料がなくなる
・会社がやってくれていた経理、契約、税金などの対応を自分でやる必要がある
・仕事を取るために営業を自分でやる必要がある
・ネームバリューがないので価値提供できるスキルがないと仕事が得られない

これだけでもまぁまぁデメリットなのですが、わたしが実際にフリーランスになってから感じたデメリットもさらに上乗せするので心して聞いてください。

① 休めば休むほど収入がマイナスになっていく

トイレで化粧を直しているときも、コーヒーを淹れているときも、やることがなくてデスクで暇をしているときも、同僚と雑談しているときも、**絶えず給料が発生し続けているのが会社員です。**

なんなら有給を使えば、家でゴロゴロ寝ているだけでお金がもらえてしまいます。寝ていてもお金が入ってくる。なんと素晴らしい制度なのでしょうか。

一方で、フリーランスは休めば休むほど収入が減っていきます。風邪をひいて有給を使った会社員がお金をもらいつつ、同僚にフォローしてもらいながら療養しているなか、フリーランスは風邪をひいたら仕事をキャンセルせざるを得ず、信用と金を失っていくのみ……。

わたしはフリーランスになってから、体調を崩してあまり動けなかった月がありましたが、その月の報酬額はこれまで見たことのないような額でした。もちろん悪い意味で。

「フリーランスがいつでも休める」のは事実ですが、休んでいるあいだの収入はゼロ。**固定給と有給の素晴らしさ**は、フリーランスになってからひしひしと感じています。

② やらかしてもすべて自己責任である

会社員の頃、わたしはそれなりにやらかしていました。先方を怒らせたり、ミーティングをダブルブッキングしたり、期限内に仕事が終わらなかったり、体調を崩して休んだり。

そんなときにフォローしてくれたのは上司や先輩、同僚です。トラブルが起きたときは、お互いに助け合う。なぜなら、**会社に属している以上、個人の失敗は個人そのものではなく、会社の看板に泥を塗るものだからです。**

これは、会社に守られているということでもあります。たとえば極端な話、わたしがクライアントを怒らせて仕事を失ったとしても、給料が減るわけじゃないし、汚名をかぶるわけでもない。損をするのは会社です。

一方で、フリーランスのやらかしはフリーランス本人の責任でしかありません。

大きな失敗をしてしまえば、収入も減るし、信用もなくなるし、悪い噂が広がって仕事がもらえなくなる可能性だってあります。

わたしは仕事が単発で終わってしまったとき、「何かやらかしたのかも……」と自問自答することもしばしばです。褒められたときの喜びは大きいけれど、失敗したときの自己肯定感の下がり方がハンパない。**だって会社のせいじゃないもん、100％自分のせいなんだもん。**

③クソ大学生 or ひとりブラック企業になりがち

フリーランスはいくらでも働けるし、いくらでも休めます。そうするとどうなるか。**生活が大崩壊していきます。**

特に、怠惰な人が陥るのが**昼夜逆転。**定時が決まっていないので、ダラダラ働いていると、6時寝13時起きみたいなクソ生活サイクルになっていきます。

また、強制力もないので働く意欲を失って貯金が底をつき、会社員に出戻る人もチラホラ。「これまで自分は、定時があるから働けていたのか……!」と気づく人も多く、自由な働き方には向き不向きがあるのだと知りました。

一方で、真面目な人は**ひとりブラック企業**になっていきます。仕事を際限なく入れられるので、休む時間が取れず、キャパオーバーして病みながら馬車馬のように働いているフリーランスも珍しくありません。「わたし、何のためにフリーランスになったんだっけ……?」と呟く人は数知れず。

④ スキルが停滞し、〝ダメ人材化〟するリスクがある

会社員であれば、会社のお金で研修や資格取得のサポートを受けられる他、少々無茶な仕事を任されてスキルアップすることもあります。嫌な仕事だったとしても、何やかんやで成長していくことがほとんどです。

しかし、フリーランスの場合は、**現時点でできる範囲のお仕事を頼まれがちです。**

発注者側も事前にプロフィールや実績を見て仕事を頼むため、明らかにできなさそうな仕事は頼まないんだと思います。

するとどうなるか。毎日毎日似たような仕事をこなしていくようになります。わたしもフリーランスを続けるなかで**「あれ、ずっと同じようなことをしている気がするぞ……？」**とループにハマったことも。

「最近どう？」と成長を見守ってくれる先輩や、目標を設定してくれる上司もいないし、果たして自分が前に進んでいるのか、後退しているのかサッパリわからない。勉強をしようと思っても、スクールに通ったり、本を買ったり、セミナーを受けたりするのも**全部自腹**なので、なかなか一歩を踏み出せない人もいるはずです。

「別にお金もらえているし、このまま同じようなことをしていてもいっか」とぬくぬくした結果、**気づけばスキルが停滞し、使えない人材になっている**可能性も否めないのが、フリーランスの恐ろしいところです。

⑤ よくわからん不安とずっと隣り合わせ

フリーランスになりたての頃に限らず、「仕事がなくなったらどうしよう」「のたれ死んだらどうしよう」という悩みは永遠に消えません。

定期的にふと**「いつまでフリーランスでいられるのだろう」**という漠然とした不安を感じます。会社員としてイキイキと働いている友人を見ると、「安定していて羨ましいな」と思ったりもします。

幸い今は健康で、関わる人にも恵まれていて、ちょっと無茶な働き方をしても大丈夫。でも、たとえば身体を壊し、仕事のスピードも遅くなり、仕事相手が「この人、使えないから新しい人に頼もう」となったら、生きていけないかもしれない。刻々とライフスタイルも変化するなか、こちとら育児休暇もないし、退職金も出ないし、**フリーランスとして歳を重ねていくことには不安しかないです。**大丈夫そ？

その不安を払拭するために、毎日がむしゃらに走っているので、人生もあっという間に終わりそうな予感がしています。きっとこの不安は一生消えないんだろうなぁ。

まとめ

フリーランス、デメリットだらけである

フリーランスでしか叶えられないこと

じゃあ、こんなにもデメリットがあるにも関わらず、なぜフリーランスを続けているかというと、**引くほど会社員が向いていなかったからです。**

これまで、営業職では自分の「コミュ障」「不適合感」が浮き彫りになって転職し、誰とも話さない広告代理店での職では、「広告って形に残らないのが嫌だなぁ」と転職し、最終的にライターになって、「やりたい仕事だったはずなのにしんどいのは、会社員という働き方自体が合わないのかも」という道を辿ってフリーランスになりました。

でも、この道を辿ることが、フリーランスになるうえでは大切な気がします。というのも、**実は自分が理想としている環境が、会社員として働いていても叶えられる可能性があるからです。**

たとえば、「好きな場所で仕事をしたい」「時間に囚われずに働きたい」というのが理想だとしたら、フルリモート・フルフレックスの会社を選べば叶えられてしまいます。「好きな仕事をしたい」というのも、副業で実現できるかもしれません。

大事なのは、フリーランスにならないと叶わないことがあるかどうか。

実際にわたしは心地よい環境を求めて転職を重ね、最終的に**「100％自分の裁量で仕事ができる」「やりたくないことを徹底的にやらなくて済む」「飽きなさそう」**などの理由でフリーランスを選びました。

わたしが思う、フリーランスのメリットはこちら。

〈フリーランスになるメリット〉

・自分でやりたい仕事を選べる
・取引先も自分で選べる
・嫌な仕事をしなくていい
・仕事のペースも自分の決めるがまま
・仕事のスタイルや方針も自分で決められる
・後輩の教育とかもしなくていい
・自分の仕事とスキルアップだけに全力投球できる
・稼ごうと思えば無限に稼げる
・逆に休みたいときはいつでも休める
・すべて自分で決められる。誰にも邪魔されない

たとえ生活が崩壊しても、福利厚生がゼロでも、収入が会社員時代を下回ることがあっても、わたしにとってはフリーランスが一番働きやすいのです。

これは世間一般論で考えるのではなくて、**「何が自分にとって一番幸せなのか」**

をベースに考えることが大事。

会社によって働き方のスタイルや文化はさまざまなので、1社だけ経験して、「会社員向いてないわ」と思うのは、ちょっと早くはないかい。会社員というクソデカ主語じゃなくて、その会社が合っていない可能性大です。

会社員としてでも叶えられることだっていっぱいあるはずだし、わたしももし自分に合った会社を見つけたら、会社員に戻る未来も全然あり得ますからね。

とりあえず、**「会社員の恩恵はデカいから、いったん立ち止まってよく考えてくれ」**ってことだけ覚えておいてください。

まとめ

「フリーランスでしか叶えられないことがあるか」を考えよう

COLUMN

1

わたしがADHDを公表する理由

わたしは日常生活でもSNS上でも「ADHDなんですよね〜」と大っぴらに言っているのですが、「それを公に言えるのってすごくないですか!?」とよく驚かれます。

たしかに、自分の特性をオープンにすることで「この人はADHDだから仕事をお願いするのをやめておこう」と思われたり、何か大事なチャンスを失ったりしている可能性もあるかもしれません。わたしとしても決してドヤ顔で誇ることではないし、むしろマイナスに響くことの多い特性だとも感じています。

でもさぁ、それを嘆いたところで仕方なくね？

たとえば、自分が人見知りだったとして、それを隠すよりも「人見知りなので挙動不審になるかもしれないけど気にしないでね」「初対面の人がいると黙っちゃうのでリードしてもらえたら嬉しい」とあらかじめ伝えておくほうが、無駄に心配させないし、飲み会の場で硬直していたとしても理解してもらえると思うのです。

もちろん仕組みで解決できるところは頑張って解決するけれど、苦手なことを克服するってめちゃくちゃ難しいことです。だったら最初から公表しておいて、お互いにやりやすい方法を考えるほうが建設的だし、そういう自分をある程度許容してくれる人と仕事をしたほうが双方にとって幸せだと思います。

ただし！　一概にＡＤＨＤと言っても、性質はさまざまだと思うので、自分がどんなことが苦手なのかを理解し、相手にどうしてほしいのかを申告できたらベストです。「ADHDだから」を言い訳にせず、「わたしはこれが苦手だから、こうしてくれたら嬉しい」という伝え方にするべし。

「締め切りを守るのが苦手です。申し訳ないのですが早めの締め切りを設定していただいてもよろしいでしょうか」「朝起きられないのでミーティングを午後からにしたいです」とか。

むしろ、隠したまま仕事をすることで、相手に多大なる迷惑をかけてしまう可能性大……! ぐらいの気持ちで苦手なことと対処法をセットで伝えられるといいと思います。

「それでもいいから一緒に働きたい」と言ってくれる人は必ずいるはず。自分の生きやすい環境を自分で作っていくのも、仕事のうちよ。

第2章

フリーランスになるための準備

て いうか、フリーランスで“何”するの？

冒頭でも説明したとおり、「フリーランスになりてぇ」と言うのは「会社員になりてぇ」「アルバイトになりてぇ」と言うのとほぼ同義です。「フリーランス」というのは職業名ではなくて、あくまで働き方の形態。

つまるところ、フリーランスになるためには**「フリーランスで何をするの？」**というのをハッキリさせなければいけない。

たとえば、わたしはフリーランスでライターをしています。経営者や芸能人にインタビューをして記事を書いたり、イベントに行って体験レポートを書いたり、書籍を書いたり……と「書くこと」を仕事にしています。

友人のなかには、パーソナルジムトレーナーとして身体を鍛えたい人に伴走している人もいれば、広報として企業のプロモーションをお手伝いしている人もいれば、美容師としてヘッドスパを提供している人もいれば、ＳＮＳマーケターとして企業のＳＮＳ運用を行っている人もいます。

なので、**ぶっちゃけどの職種でもフリーランスとして働くことは可能です。**

価値提供できるスキルがあって、それを欲している人さえいれば、フリーランスとして仕事が成立します。自分が今からお店を経営する前提で考えてみるとわかりやすいかも。今からひとりでお店をやるとして、一体あなたは何を商品として売るんだい？　何を売ったら買ってもらえるんだい？　というのを考えてみよう。

まとめ

フリーランスで〝何〟がしたいのかを決めよう

自分が今持っている〝スキル〟を確認しよう！

自分が売るものを考えるうえで、絶対に確認したいのが、**自分が今持っている〝スキル〟**です。いくらフリーランスになりたくても、誰かに価値を与えられるようなスキルがないと、お金を出してまで「この人に頼みたい」と思ってもらえません。

そりゃそうだ。何ができるかよくわからない人に仕事を頼むのは恐ろしいです。スキルがない人は、相当なポテンシャルを相手に感じてもらわないと、なかなか頼んでもらえないと思います。

わたしの場合は以下が〝スキル〟にあたります。

・ライティング
・インタビュー
・企画
・編集
・ディレクション
・写真撮影
・イラスト制作
・コーチング

事務職の場合は、「電話・メール応対」「請求書作成」「資料作成」などがスキルに当たります。

もし仮に、「今持っているスキルはあるけど、これでフリーランスになりたいわけじゃない」と感じるのなら、**自分で新たにスキルを身につける必要があります。**

オンライン動画学習サービスや専門学校、スクールなど、お金を出したほうが効率よくスキルを身につけることができますが、独学で本を読んだりリサーチをしたり、職業訓練校に通ったり、実際にソフトやツールを触ってみたりして勉強をすることもできます。

世の中にはさまざまな学習手段があるので、自分のニーズに合ったものを見つけてみよう。

まとめ

フリーランスには、価値提供できるスキルが必要不可欠

お金をもらいながらスキルアップ。〝会社〟を賢く利用する

もうひとつ、スキルを身につける方法としてもっとも確実な道があります。それは、**会社員として働くことです。**「え！　また会社員をやらなくちゃいけないの⁉」と思うかもしれませんが、まぁちょっと聞いておくれ。

わたし自身も、今の仕事の主軸となっている「ライティング」「インタビュー」「企画」などのスキルは会社での実務を通じて身につけました。まわりの人を見ていると、会社員として経験を積んでからフリーランスになったり、「独立するにはまだ早かった」とフリーランスから会社員に戻る人も少なくありません。

通常はお金を払ってスキルを身につけるのに対して、会社員はお金をもらいながら着実に自分の欲しいスキルを身につけることができます。それって、とてもおいしくない？

「会社は学校じゃねぇんだよ！」とは言うものの、実務を通じて経験を積めるし、スキルアップができるという点においては最高の場所だと思います。

わたしの友人のなかには、会社に身を捧げるようにして身を粉にして働いている会社員の子もいますが、「なんでそんなに一生懸命働いてるの？」と聞いたら、「早く成長して独立したいから」と言っていました。

今は人材不足・人材流動の時代だと言われています。働く人の人口が少ないからどこの会社も人が足りていないし、ひとつの会社に留まらずに転々としている人も多いです。

そのなかで、会社を踏み台にする……というのは言い方はアレですが、別に珍しいことじゃない。「一人前になるまではこの会社で頑張ろう」「このスキルを身につけたいから、この会社に転職しよう」と、自分が求めるスキルセットを考えながらキャリアを描くのは普通のことです。

また、会社に就職しなくとも、アルバイトやインターン、業務委託（企業の業務の一部を外部の個人や業者に依頼すること）などで経験を積むパターンもあります。知り合いのライターは、インターンとして会社に入り、広報としてのキャリアを切り拓いていました。会社員に比べるともらえる報酬は少ないですが、アルバイトやインターンは経験を問わずに雇ってくれる可能性があるので、会社員にこだわらず幅広く見ておこう！

まとめ

〝会社〟を賢く利用しよう

新卒でフリーランスになるってどうなの？

さて、ここで「会社員を経験せずにフリーランスになるのはどうなのか？」という疑問が浮上してきます。

学生のなかには、「卒業したらフリーランスになりたい」と考えている方もいるんじゃないかな。はじめからフリーランスになるという夢を抱いているのに、会社に入ることは遠回りじゃないのか、と。

でも、個人的には**「最初からフリーランスになるの、もったいなさすぎる」**とも思うのです。先述したとおり、会社員はお金をもらいながら着実に自分の欲しいスキルを身につけることができるのに、それをショートカットしちゃうの？

結論から言うと、**会社員を経験せずにフリーランスになるのはオススメしません。**会社員を経験せずしてフリーランスになれる人はほんの一部の選ばれし優秀な人だけだと思います。勢いで新卒フリーランスになってしまうと、メールもまともに書けないわ、コミュニケーションも取れないわ、仕事も雑だわ、で使えないフリーランスになる可能性大。

会社員として働くことで、得られるものは本当にたくさんあります。ビジネス上でのコミュニケーション能力や、業務推進能力、それぞれの実務で培えるスキルなど。**「圧倒的なスキルがあったとしても、何だか仕事がしづらい人」**というのは、おそらくこの「会社員力」が足りていないのだと思います。

わたしは新卒で入社したばかりのとき、猫柄のスカートをはいて営業に行って怒られたり、先輩にタメ口をきいて怒られたり、タスクの優先順位を間違えて怒られたりと、怒られてばかりでした。

でも、新卒フリーランスには、誰も怒ってくれません。

会社員として部下を教育するのは仕事のひとつでもあります。一方で外注先のフリーランスを教育する必要はないため、何かやらかしたとしても、「じゃあもう次から頼まないです」と発注を止めるだけです。

わたしも、これまで仕事をするなかで「この人、仕事やりづらいな」と思っても、実際に指摘したことはあまりないです。だって注意するって労力のいることだし、そこまでする義理はないと思うから。そっと離れるのみです。

同様に、おそらくわたしもフリーランスになってからは、注意されるべきことをスルーされていることもあるかと思います。**成長するためには、失敗して↓注意されて↓改善する……というある種の「痛み」が必要だと思うのですが、フリーラン**

スにはその機会がありません。

それも踏まえて、新卒でフリーランスになった人は、とても苦労している印象があります。注意してくれる人も、教えてくれる人もいない。失敗できる場所もない。スキルを独学で身につけなければならない。「きちんと会社に入っておけばよかった」という声もよく聞きます。

正直、フリーランスには、いつでも誰でもなれます。ただ、続けるのはとても難しい。裏を返せば、ちゃんとした会社員スキルを持って独立すれば、あまり苦労せずにフリーランスができると思います。

まとめ

フリーランスにはいつでもなれる。焦ってなる必要はない

不

安定にならないためのフリーランス独立3ステップ

ここからは、実際にわたしがフリーランスになるために辿ったステップを見ていくよ！

会社員に比べると不安定な働き方を選んでいるわたしですが、**「できることなら安定したままフリーランスになりたい」**という想いがありました。苦労をするのも、ひもじい思いをするのも嫌。

なかには、退路を断ち切るためにいきなり独立する人もいますが、わたしのように少しずつ準備を重ねながら独立するほうが精神衛生上よいはず。危ない橋を渡り

たくないのはみんな一緒だよね。というわけで、フリーランスになるまでの半年間にやっていたことをお話しします。

独立半年前：人脈を作るために行動する

まず、わたしが意識的にやっていたのは、**いろんな人と繋がることでした。**

仕事は、人との出会いから生まれます。「この仕事を頼める人はいないかなぁ」と、仕事の発注先を探していたり、「一緒に面白いことができないかなぁ」と協業先を探していたりする人にタイミングよく出会って、一緒に仕事をする。

そうやって仕事が生まれる瞬間を何度も目の当たりにしてきました。たとえすぐに仕事に繋がらなかったとしても、数年後に一緒に仕事をすることになったり、相手が若手だったところから権限のある立場に変わったことで仕事を発注してもらえるようになったり。

当時築いた人脈は、今でもしっかりと活きています。

また、フリーランスになるなら、同じようなフリーランスの知り合いがいると心強いです。フリーランスの働き方は傍から見ていると、イマイチ想像がつきづらいもの。

そんなときに、身近にフリーランスとして働いている人がいると、具体的な働き方が見えて参考にできますし、独立について相談することもできます。

その時々の人間関係によって価値観は形成されていくので、会社員や独立志向のない人と付き合っていると、「会社員が正しいのかも」「ひとりだけ独立するのは嫌だなぁ」という気持ちになってきたりします。人と違うことをするのは、いつだって勇気のいることだから。

実際にわたしが、会社員時代からフリーランスに対してポジティブなイメージを持っていたのは、同じように会社を辞めてフリーランスになった友人がまわりにたくさんいたからだと思います。**身近にフリーランスがいたからこそ、行動を後押ししてくれました。**

仕事を獲得するためにも、新しい価値観を知って世界を広げるためにも、信頼しあえる仲間を見つけるためにも、人との繋がりはすべての礎《いしずえ》となるものです。

詳しい人脈の作り方は第3章でお伝えします！

独立3か月前：タダ（ぐらいの気持ち）で仕事をする

人との繋がりができたら、会社員と並行しながら副業を始めていくよ。

会社員をしながらフリーランスのような動きをすることを「お試しフリーランス」と言ったりしますが、この段階で仕事がなかったり、うまく能力を発揮することができなければ、フリーランスになっても成功しない可能性が高いです。**練習で成功しなければ、本番でも成功しないということ。**

とは言ってもそこは「お試し」なので、時間は限られてくるし、本業があるなかで副業をやらなくてはいけないので大変ハードな状況ではあります。

さらに、実績のないうちは相手も仕事を頼みにくい。どのくらいのことができるのか、どのくらいのクオリティで仕上げられるのかがわからないからです。

これが社内であれば、どんな仕事ができるのか、どのくらい仕事ができるのかを周囲が把握してくれているので「この人にこの仕事をお願いしよう」と依頼が降ってくるけれど、社外で仕事をするとなると、まずは自分にできることをアピールしなくてはいけません。

本業で名の知れた企業の名の知れたサービスに携わっていたり、対外的にアピールできる仕事があるのならそれを活用すればいいけど、たとえば「本業は営業だけど、副業でイラストレーターをやりたい」などの場合は、新たに提示できるような実績が必要です。

そこで、スタートダッシュ時点で仕事依頼がないなら、**思い切って「タダぐらいの気持ちで仕事を受けてしまう」スタンスも必要だとわたしは考えています。**それは、自分を安売りするのではなく、あくまでスタートを切るための「実績」と「口コミ」を作るため。

ただし、あまりに安い値段で仕事を受けることは、業界全体の価値を下げることにもなりかねないので、ある程度実績が溜まり、仕事獲得ができるようになってきたら、きちんと相場価格で提供していくことが大切です。

安定志向なのであれば、まずは独立に向けて実績を作る。十分な実績を作ってから収入を上げていく。これが確実な方法！

また、自ら募集をしても依頼が来ない場合は、「勝手にやる」のもひとつの手です。わたしはイベントに参加して自主的にイベントレポートを書いたり、気になる人にインタビューさせてもらったりして実績を積み、それをもとに営業をかけたり、それを見た人に声をかけてもらったりして仕事を受注したことがあります。無料でも有料でも、まずは実績を多く積み、「この人は何がどのくらいのクオリティでできるのか」を対外的に伝えられるようにしよう！

独立1か月前：継続的にお付き合いできる人を見つける

そんなふうにしてコツコツ実績を作り続けていると、紹介などを通じて少しずつ仕事が増えてくるようになってきます。

はじめはほとんどが1回で終わるような仕事かもしれませんが、丁寧にこなしていくことでクライアントとのあいだに信頼が生まれ、継続して仕事をもらえるようになっていくのです。

継続的に仕事を頼んでくれる人に出会えたら、「仕事がない」という状態に陥らずに済みます。できる限り会社員のうちに長くお付き合いできるような人と関係を築いておくのがベスト！

また、1回の仕事（請負契約）から継続的な付き合いになるケースもありますが、はじめから中長期的に働くことを前提とした業務委託（準委任契約）として複数社と契約を結ぶのもいいと思います。

わたしも業務委託を募集している会社に応募し、そこに所属することで安定的に仕事をもらえるようになりました。少なくとも契約期間中は絶対に仕事がもらえて、まず食いっぱぐれることはない。フリーランスとして複数社と準委任の仕事を持つの、精神的に安定するのでとてもオススメ！

さて、こうして副業でバリバリ仕事をするようになると、会社員の仕事と副業の仕事でほとんど休みなく働いている状態になってきます。プライベートは死滅しますが、来たるフリーランスライフのために頑張って耐えるのだ……。

わたしも独立をする直前は朝6時に起きて副業、会社のお昼休みに副業、退社後に副業、土日も副業、という「プライベート、どこ？」な毎日を送っていました。

独立の目安は、継続的に仕事ができる相手ができて、副業の月収が会社員の月収を超える目処が立つぐらい。ものすごく大変な期間ではあるけど、安定して独立するために、このパラレルワーク期間を乗り切ってほしいです。

何度もしつこいですが、**フリーランスは「なる」よりも「続ける」ことのほうが大事です。**

「やりたいことがあるなら、今すぐやろうよ」と成功者は語ります。しかし日々生活していくためにはそんなドリーミィーなことを言ってられません。

以前、「ニュージーランドで釣りをしながら暮らしている」ノマドの先駆者・四角大輔さんに取材をしたことがあります。彼は「いつかは独立して湖畔で暮らしたい」という思いを抱きながらもスキルを磨き続け、大手企業に15年間も勤めていた過去がありました。

お話を聞いたときは、「独立するには15年間も準備期間がいるのか……」と絶望しましたが、今では準備は万全にしておくに越したことはないと思っています。

焦ってフリーランスになるよりも、着実にフリーランスを続けていくことのほうが大事。

安定志向だと自覚している方こそ、しっかり下準備をして、万全の状態で独立を。数年かけて下準備をしても、全然遅いことなんてないからね。

まとめ

フリーランスは「なる」よりも「続ける」ことのほうが大事

COLUMN

2 フリーランス初心者にやってほしいこと

わたしがフリーランス初心者だった頃に抱えていた悩みは以下でした。

・寂しい、孤独
・怠けてしまう
・収入が不安定

特にフリーランス転身直後は、寂しさを感じたり、不安で心がザワザワしたり、ひとりでは自制心を保てなくてダラけてしまいがち。組織を離れたことで所属欲求が欠乏し、「自分はひとりぼっちなのかもしれない」という気持ちにもなりやすいです。

そんなときに同じような「駆け出しフリーランス仲間」がいれば、悩みを相談できたり、一緒に作業をできたりします。平日の日中は会社員の友だちに会うことができないので、**フリーランス仲間の存在はとても貴重です！**

わたしはフリーランス仲間で集まって朝活をしたり、オンラインで音声を繋いで「もくもく会」と称した作業会を開いたりしていました。

あの時期があったからこそ、仕事のペースやモチベーションを保てていたんじゃないかと思います。ひとりじゃ絶対に頑張れなかった。

次に、収入の悩みに関して。わたしが一番最初にやったのは**「固定費の見直し」**です。自分が月にいくら必要なのかがわかっていないと、ただ漠然と「とにかくいっぱい稼がなきゃ」と焦ってしまいがち。

でも、自分の固定費を書き出して、無駄な出費を削ってみると、「最低限、これだけ稼げれば死なないな」と安心できるようになります。

あとは、きちんと国の制度を調べておくことも安心材料になります。

たとえば失業保険を受け取るには期限がありますし、国民年金は2年前倒しで納税すると割り引きが受けられるなど、会社員時代には必要のなかった知識がつきました。

フリーランスのお金まわりのことに関しては、専門書なども出ているのでぜひチェックしてみてください。

第3章

ADHDフリーランスのお仕事獲得術

フリーランス、どうやって人脈を作る？

「フリーランスは人脈がすべて」と言っても過言ではないぐらい、人との繋がりがめちゃくちゃ大事です。世の中のあらゆる「仕事」はすべて「人間関係」で成り立っています。人と繋がるだけでも仕事のチャンスは舞い込んで来るのだ！

では、そんな人との繋がりはどうやって作っていけばよいのか。ここでは、大してコミュニケーションが得意でもない……むしろ苦手なわたしがやっていたことをお伝えします。

① 前職の繋がりをフル活用

フリーランスで意外と多いのが前職での繋がりからお仕事をいただいているパターン。退職時に対面やＳＮＳで「フリーランスになります！」と宣言しておくと、必要なときに思い出してもらえて、声をかけてもらえることも。

わたしの場合は、会社を辞めるときに上司に話していたので、これまでやっていた仕事を引き継がせてもらえたり、新たに仕事を発注してもらったりしました。これは逃げるように退職した場合は絶対に実現不可能なので、**きっちりやるべきことを終わらせて、よい印象で退職する**のが必須になります。立つ鳥跡を濁さず……！

また、わたしは退職時にフリーランスになる旨をＳＮＳでシェアしたり、周囲に話していたこともあり、前職や学生時代の繋がりから「今フリーランスだよね？」と連絡をもらって仕事をすることもあります。

何が起こるかわからないので、これまでの繋がりは大切にしておいて損はなし！

② イベントに参加する

イベントは、2時間足らずでたくさんの人と繋がることができる貴重な機会。

最近ではリアルな場に限らず、オンラインでの勉強会やイベントも活発に開かれており、「こんな仕事をやっています！」とアピールしてＳＮＳを交換するだけでも、とりあえず知り合いになれる世界です。

また、イベントの内容をＳＮＳに投稿することで、イベント参加者や運営と繋がれる可能性も。わたしもイベントに参加した際は積極的に投稿をして、運営の目に留まるようにしていました。そこから実際に仕事をいただいたこともあります。

「人と話すのが苦手」という人は定番で使える自己紹介をあらかじめ用意しておいたり、印象的な名刺を作って小道具的に使ったりするのもアリです。小さな冊子のような名刺や、オリジナルイラストを使った名刺、学生証を模した名刺など、ちょっとした工夫をすることで話のきっかけになるよ。

なかには勧誘目的の怪しいイベントがあったり、別の意味での〝出会い目的〟の人が潜んでいる可能性も否めないので、イベント選びは慎重に。大手企業や名の知れた人、サービスなどが開催しているものが安心だと思います。

③ コミュニティやスクールに所属する

わたしはフリーランスになる前、さまざまなコミュニティに所属していました。

朝活コミュニティで朝活をしたり、キャリアスクールで著名な人のお話を聞いたり、ライターコミュニティでライティングの勉強をしたり……。**そこでの繋がりが数年経った今も活きていて、一緒に仕事をしていたりします。**

コミュニティやスクールは同じ志や目的を持っている人が集まっているうえ、有料のものも多いので、ある程度メンバーの質が担保されていて、自分の目的に合った繋がりを作るのにぴったり。

また、コミュニティには必ず「仕事」があります。たとえば、SNSを運用したり、イベントを運営したり、記事を書いたりと、そのコミュニティをより盛り上げていくための広報の仕事。わたしの初めての副業は、コミュニティで開催されたイベントの記事を書くことでした。

そして、**コミュニティの一番の魅力は、そこで得た学びをコミュニティの名前を使って発信することができること。**

自分自身がまったくの無名であっても、コミュニティの記事を書けば少なくともメンバーには読んでもらえる保証があるし、コミュニティ内で「この人は文章が書ける人なんだ！」と認知してもらえます。

また、自分の仕事に近しいコミュニティはもちろん、趣味にまつわるコミュニティでも思わぬ仕事に出会うこともあるので、いろんなコミュニティに所属してみるのもいいと思います。

わたしはまったくデザインをやりませんが、デザイン関係のコミュニティに所属したことで、なぜかライティングのお仕事をいただいたことがありました。

コミュニティやスクールはお金がかかるものだけど、それ以上のものが得られる場所だと思っています。 お金を払うからには、ぜひ使い倒してみてください。

コミュニティを使い倒すコツは以下！

・「繋がりを作る」「仕事を作る」と決めてコミットする
・「頼まれなくても勝手にやる」「手を挙げる」「提案する」ギブの精神でやる
・できることやスキル、好きなものをアピールする

④キャリアSNS／案件紹介プラットフォームに登録する

世の中には「YOUTRUST」「Wantedly」「Workship」など、

「キャリアＳＮＳ」という仕事に特化したプラットフォームがあります。

自分のプロフィールや経歴をしっかりと作り込めば企業からスカウトが来ることもあるし、気になる仕事があれば自ら応募することもできます。あくまで仕事をするうえでの繋がりだけど、仕事上での人脈を作りたい方はぜひ登録を。というか、フリーランスなら絶対に登録しておこう。

⑤ SNSで発信する

正直、これがもっとも簡単で確実。だけど根気のいるやり方だと思っています。とにかく、自分を売り込む資料を作るような気持ちでＳＮＳで毎日発信をすること。**SNSをやっているだけで、簡単に人と繋がることができます。**

自分のＷｅｂサイトを作って、問い合わせページに連絡が来るのを待っているだけでは、なかなか人と繋がれません。一方で、ＳＮＳであれば自分から誰かにメッセージを送ったり、やり取りをすることで自然と知り合いが増えていきます。

わたしもSNSで知り合った人たちと一緒に仕事をすることもありますし、はじめましての人から連絡をいただくこともあります。

SNS上では誰もが平等に誰もにメッセージを送ることができるので、普段はとてもじゃないけど話す機会がないような大物と会話ができたり、繋がれたりすることも魅力!

また、SNSはその人の人間性が現れる場でもあります。普段やっていること、性格、大切にしている価値観など。だからこそ、自分に権威性があるような肩書きがなくても、仕事の実績がない段階でも、価値観に共感してくれる人と出会えることもあります。

わたしはいくらフォロワー数を増やしたところで、本当に支持をしてもらわなければ発信は届かない、と思っているので、いろんな人との交流を大切にして発信をするようにしています。
詳しいSNSでの発信方法は91ページで解説します!

コネも実力のうちである

いかに人と繋がり、いかに人に信用されるかは仕事をするうえで必要な要素。**コネも実力のうちなのです。**
また、誰かと出会って仕事に繋がったら、その人と**継続して繋がり続ける**こともすごく大切。いきなり仕事をもらうというよりも、まずは友だちになる。そのぐらいの意識で繋がりを増やしていくといいと思います。これまでの繋がりも大事にしながら、着実に繋がりを広げていこう。

まとめ

人との出会いが仕事を運んでくる

フリーランスの消耗しない仕事の探し方

とはいえ、人脈ができたところでただの友だちのままでは仕事がもらえないのもまた事実。

一方で、片っ端からいろんな案件に応募してみたり、がむしゃらに名刺配りをするような営業のかけ方は、わたしにとってはとても消耗することでした。

誰かれ構わず「仕事をください！」とアタックするのは、自分が消耗するだけであまりお仕事に繋がらない、というのがわたしの所感です。

焦る気持ちもめちゃくちゃわかるけど、これからお話しする3つのポイントを意識して仕事に繋げてみてください。

① 相手のメリットを考えてアピールする

キラキラした瞳で「仕事をください！」と言われても、その人がどれだけ仕事ができるのか、どれだけの価値を与えてくれるのかがわからないと、仕事を頼みにくい……というのが相手の想い。

そこで、普段から第三者に見せられるような実績をまとめておき、必要なときに出せるようにしておきましょう。これを「**ポートフォリオ**」といいます。

ポートフォリオは、実績をアピールするための「実績集」。いくら口頭で何ができるのかを語られようと、客観的にスキルや実績を判断できるものがなくちゃ話になりません。

大切なのは、**「自分に頼むとこんなよいことがあるよ！」**というのが第三者に伝わるようにすることです。

わたしの場合は、「難しいことを噛み砕いて伝えられるので、専門的な取材もこなせる」「数多くの取材執筆をこなしているので、クオリティの高い記事が書ける」「広報視点を持っているので、届け方まで考えられる」などが相手のメリットになります。

駆け出しの場合は「値段が安い」「短期間で納品できる」「即レス・即対応ができる」「フットワークが軽い」「特定の分野に詳しい」なども、相手にとってはメリットになります。

ただし、これらは先ほども言ったように、根拠となるポートフォリオとセットで明示することが必要。「ポートフォリオを作れるほど仕事をしていない」という場合は、まずはタダでもよいので実績を作り、ポートフォリオを作るところから始めよう。

駆け出しだと、「仕事をもらえるように頑張るぞ！」となってしまいがちだけど、わたしは仕事というのはお互いが協力して作りあげていくものだと思っています。関係性はあくまで対等であるべき。

そのために、相手に与えられるものをきちんと提示して、お互いにメリットを感じたら一緒にやるのが理想の働き方です。**対等な関係性でいられるように、価値提供できるスキルを磨いて明示して、お互いに気持ちよくお仕事がしたいですね。**

ポートフォリオの作り方は１０３ページで詳しく解説します。

②焦らずにコツコツ種をまいていく

不思議なもので、仕事というのは忘れた頃にやって来ます。

実際にわたしは「フリーランスになります！」とSNSに投稿してから1年後にそれを見た人から仕事をもらったこともありますし、遠い昔に参加した飲み会にいた人から声をかけていただいたこともあります。

要するに、**どこで何が仕事に繋がるかわからない。**

だからこそ、日頃から地道な**「種まき」活動**が必要です。積極的にイベントに参加したり、誰かと連絡先を交換したら、後日お礼とともにポートフォリオを送ったり、名前を出して実績にできるような仕事を意識的に受けたりしています。

SNSでの積極的な発信も、種まき活動のひとつ！

正直めちゃくちゃ面倒くさいけど、この**「仕事じゃないけど、いつか仕事になるかもしれないもの」をいかに仕事と並行して積み重ねていけるかが、未来に繋がっていく**と信じています。

「本業でそれどころじゃないよ〜」とおざなりになってしまいがちな項目ですが、ぜひコツコツ種をまいていってほしいです。

③ 探すのではなく自分で「作る」

最後に、**仕事は「探す」だけではなく「作る」ものでもあると思っています。**会社員として働いていても、上司から言われてやる仕事と、自分から提案して生まれる仕事がありますよね。

フリーランスも同じように、誰かから声をかけられるのを待つだけじゃなく、自分で仕事を「作る」ことができます。

たとえば、ライターであればテーマを自分で考えて、企画書を作って編集部に提案することもできるし、自分でコラムを書いて、あとから掲載先を探すこともできるはず。

「フリーランスになったのに、自分のやりたい仕事ができていない」場合は、自分から仕事を作れていない可能性が高いです。**ただもらった仕事をこなしているだけだからね。**

やりたい仕事があるのなら、チャンスが巡ってくるのを待っているよりも自分から提案していったほうが早いです。

ちなみに、これまで書いてきた記事は半数がわたしの自主企画です。自分の知りたいことをもとに企画を立てて、自分の聞きたい人に話が聞けるので、お互いにとって対等な仕事ができていると感じます。

あとは先日、プライベートでシェアハウスに引っ越したのですが、引っ越すにあたり物件でのリアルな生活が思い描けるような記事が見当たらなかったので、自分で「実際に住んでみた」記事を書いてみました。そして、運営元に連絡してみたところ、コラムの仕事を発注してもらえることに。**これが、自分から仕事を作るってこと！**

一緒にお仕事をしたい人に声をかけてみたり、応募してみたり、提案書を持って行ったり、自分から動いてみよう。

まとめ

仕事とは、獲得するものではなく、ともに作るもの

フリーランスのSNS運用法

さて、先ほども言ったとおり、フリーランスならぜひとも活用してほしいのがSNS。

独立当初のわたしは「ライター歴1年」という非常に浅い経歴の持ち主だったので、普通ならすぐに仕事にありつくのは難しいはずでした。

でも、会社員の頃からひたすら自分のやっていることをSNSで投稿していたことで、「この人はライターをやってるんだ」と周囲に認知してもらい、そのおかげで仕事にも恵まれてきたと考えています。

そんな、わたしにとっては命綱でもある**SNSを仕事に繋げるコツ**をここでは

お話しします。

大切なのは「仕事を頼んで大丈夫そうな人」に見えること

覚えておいてほしいのが、別にフォロワー数が多いからといって、必ずしも仕事には直結しないということ。それよりも、プロフィールや投稿を見たときに、**「この人は信頼できそう」「仕事を頼んでもよさそう」**と思われるほうが圧倒的に大事です。

以前、お話しさせていただいたライターさんが、「SNSで投稿するのは生存表明だ」と言っていたのが印象的でした。

毎日1回でも呟くことで、「いつでもお仕事を頼めるよ」ということを伝えているのです。

ボヤキでも何でもいいから、とにかく存在していることをアピールしてください。しばらく不在を貫いてしまったことで、もしかしたら大事なチャンスを逃してしまっているかも……。

さらに、仕事を依頼する側にとっては、その人がポジティブな投稿やコメントをしているかどうかも重要ポイント。誰かの悪口を言っていたり、誹謗中傷するような強い言葉を使っていたりするのを目にすると、仕事を任せるのが不安になるよね。まずは**「仕事を依頼するうえで支障がないように見えるアカウント作り」を意識しよう。**

仕事で使うＳＮＳにおいて、主に伝えたいのは5つのことです。

① 何者なのかを伝える

まず、一番大切なのが**プロフィールを整えること**。アイコンとプロフィールの設定は「自分の名前で仕事をする」フリーランスにとって最重要項目。

アイコンは顔出しでもイラストでもどちらでもいいと思いますが、クライアントによっては「顔出しのほうが信用できる」という人もいます。

名前に関しても、本名やハンドルネーム、双方で活躍しているフリーランスを知っているので、どちらでも構いません。

基本的にプロフィールは変わりゆくもの。実績が増えたり、フリーランスとしてのフェーズが変わったりすると、やりたいことも変わってくると思うので、適宜調整してみてください。

プロフィールの内容は、以下の5つのポイントに分けて設定するとわかりやすいです！

1 肩書き・職業名など

何はなくとも決めてほしいのが**肩書き**。「アイドル好きライター」や「旅行業界専門マーケター」など、好きなことや強みがあれば新しい肩書きを作ってみるのもいいと思います。

ただ、「初心者ライター」「フリーランス見習い」と気弱に自己紹介してしまうことはオススメしません。初心者や見習いに来る仕事はたかが知れているうえ、初心者をターゲットにしたビジネスの餌食にもされやすいです。変な勧誘メッセージが来ちゃうかも。

肩書きが決まらないのなら、「パン屋を100軒巡った人」などでもいいと思います。「何をしている人なのか」を明確にして、目に留まった人を安心させてあげよう。

2 これまでの経歴、辿ってきた道のり

次に、仕事に繋がるような経歴や実績のある人は、それを明記するとより安心材料に繋がります。

「薬剤師→ライター」であれば医療系記事の依頼が来るかもしれないし、大手企業

出身であれば、それを利用することで信頼に繋がることもあるかもしれません。**利用できる経歴は、すべて利用していく勢いで。**

3 リンクへの誘導文

プロフィールにはリンクを貼ることもできるので、ここにはぜひご自身のサイトやポートフォリオのリンクを設定してください。ただ、リンクを見たところで何のサイトなのかが伝わりにくいので、「ポートフォリオはこちら」などの一文を添えるのがポイント。

4 発信内容

「この人をフォローするとどんないいことがあるんだろう？」というメリットを提示してあげることも、人と繋がるきっかけになります。

たとえば、「フリーランスのリアルな生活をお届け！」「ライターの日常を発信！」

など。

普段何を呟いているのか。それが見た人にとって何かプラスだったり、面白いと感じてもらえたりすることで、初めてフォローに繋がるのです。

5 ヘッダー

最後にヘッダーです。自分で写真を撮ったり、デザインができるのなら、**ヘッダー自体をポートフォリオのようにして使えます。**文字入れをするだけで目に留まりやすくなるので、ぜひ試行錯誤してみてください。

② 実績を伝える：どのレベルの仕事を依頼できそうかがわかる

次に、SNSでやってほしいのが実績を発信すること。

自分が手掛けた仕事について発信することは、微力ながらもクライアントに貢献することであり、自分自身のポートフォリオを形成することにも繋がります。**仕事が仕事を運んでくるのです。**

発信することも仕事のひとつと考えて、積極的に発信を。

デザイナーやイラストレーターのなかには、自分で制作したロゴを発信したり、バナーを発信したり、イラストを描いたりしているのもよく見かけます。**実績がないのなら、自分が提供できることを見えるような形で伝えていこう。**

③興味範囲を伝える：どんなジャンルの仕事と相性がよさそうかがわかる

フリーランスは、自分の趣味が仕事に繋がりやすいと思います。わたしはサウナが好きなのでサウナのレポートを書いたり、コラムを書いたりと、好きなことと仕事がうまく繋がることが多いです。

そこで、自分が興味のあることや好きなことも発信を。わたしが推奨する発信の型は**「おすすめスタイル」**です。

ただ単純に「サウナに行きました」と日記の形で発信するのではなく、「〇〇という横浜のサウナに行ってきたんだけど、サウナは湿度高めで熱く、水風呂はキンキンの15℃。この温度差のバランスがよすぎて30分爆睡してしまった。これで1000円は破格すぎる」というように、有益な情報を盛り込むのです。

こうすることで、自分の興味範囲をアピールするとともに、多くの人の目に留まりやすい情報の詰まった投稿になるよ！

④人柄を伝える：仕事のしやすさがわかる

仕事を頼むうえで、重要な指標となる「人柄」は、**「自分の思考」**を発信することで伝えられると感じています。

今何を考えているのか。人生で大切にしていることは何なのか。最近の気づき。友人との話のなかで得た学び。たとえば、

「自分の得意なことで仕事をしていると、『エッ！　これでお金もらっていいんで

すか？』みたいな感じになりがちだけど、その人が得意ではないからこそあなたに仕事が依頼されてるわけなので安請け合いしちゃダメよ。『500円でいいです』とかダメよ。それあなたにしかできない仕事よ」

「『休む』って軽んじられがちだけど、特にフリーランスになって『意識的に休もうとしなければ一生休みが来ない』状態になってから休むことの大切さを知った。休まないとパフォーマンスが落ちて仕事できないマンになるし、どこかで負債がガツンと来て動けなくなる。結局働くためには休まなアカンのよ」

……のように、思い切って思考を曝《さら》け出してみます。そうすると、「この人は芯のある人なんだな」「こんなことを考えているんだな」と見る人が受け取ってくれて、自分の人柄が形成されていきます。

思考の他に、経験を発信してみるのもオススメ！

どうやってフリーランスになったのか、どう仕事を獲得しているのか、人間関係はどう築いたのか……その生活すべてが、これからフリーランスになる人にとっては大きな学びです。

受験生が大学生のアカウントを見てモチベーションを上げるように、リアルなフリーランスの働き方と暮らしは、フリーランスを目指す誰かの役に立つはず。**自分が経験してきたことをお裾分けするところから始めてみて。**

⑤ 同業フリーランスに絡む：繋がりを作る

SNSの醍醐味といえば、**「いろんな人に気軽に絡めること」**です。本来SNSはコミュニケーションツール。一方的に発信をするだけじゃダメなのよ。

まずは、同業の人やフリーランス、自分の仕事の発注者に当たるような人をフォローしてコミュニケーションを取ってみてください。お互いの仕事に対してコメントをしてもよいし、わからないことを質問してみてもいい。

「仕事をくれるのはクライアント」と思いがちですが、最初はお互い初心者フリーランスでも、一緒に成長するにつれて、仲間が発注する立場になっていた、ということも往々にしてあります。仲間は未来の仕事相手です。繋がりを大切に。

まとめ

「この人は信頼できそう」「仕事を頼んでもよさそう」と思われる発信をしよう

仕事を頼みたい！と思われるポートフォリオとは？

続いて、フリーランスに必要不可欠なポートフォリオの作り方も伝授したい。フリーランスは自分が商品なので、**「どうやって相手に自分の商品を買ってもらうか」**を考えてみよう。

わたしたちがモノを買うとき、どんなことを考えているかというと……。

「この商品にはどんな魅力があるのか？」
「この商品を買うと自分にどんないいことがあるのか？」
「この商品に対するポジティブな口コミはあるか？」

などなど。これがわからないと財布の紐《ひも》はゆるみませんよね。
たとえば、アイドルの場合は、アイドルそのものが魅力なので、ファンは微妙なグッズだろうが何だろうが買うのですが、**一般人である我々が自分自身を売るならば、それ相応の魅力を伝えなくちゃ買ってもらえません。**

ポートフォリオ内に入れ込みたいことは全部で7つ！

①自己紹介・経歴
②現在できること・スキル
③自分に頼むメリット
④口コミ
⑤実績
⑥料金・納期・稼働時間
⑦仕事のご依頼・問い合わせについて

①自己紹介・経歴

まず、**自分についての簡単なプロフィール**を。これまでにどんなキャリアを辿ってきたのか、あるいは何を学んできたのかを書きます。

▼例

新卒で雑貨メーカーに就職後、「作ることに携わりたい」と株式会社◯◯に中途入社。クリエイティブディレクターとしてWeb広告の制作に携わりました。その後、株式会社◯◯で編集・ライターの経験を積み、2019年に独立。

現在は、ビジネスメディアを中心に企画・取材・執筆・編集などをする傍ら、◯◯株式会社で広報を担当。また、個人でエッセイを綴ったり、書籍を執筆したりするなど、作家としても活動しています。

② 現在できること・スキル

具体的に何ができるのかハッキリとさせたほうが相手も依頼しやすいので、**自分のスキルを書いておきましょう。**

ジャンルを絞りたい場合はビジネス、グルメ、美容、音楽、旅行など、自分の得意分野も書いておきます。

そのなかで、何が得意なのかをアピールできるような実績を載せるようにしてください。今は実績はないけれどこれからやっていきたい仕事がある場合は、「興味のあるジャンル」として書いておくのもオススメ。

▼例

〈対応領域〉

・インタビュー・対談記事（企画・取材・執筆・編集・ディレクション）

・広報（経営者・社員インタビュー／採用コンテンツ制作など）
・エッセイ・コラム
・体験レポート記事
・イベント登壇

〈得意ジャンル〉
・キャリアや働き方、生き方など
・フリーランス
・ADHD・HSP当事者視点での話
・サウナ・温泉・美容
・マンガ・アニメなどのサブカルチャー

③自分に頼むメリット

ここでは、「自分に頼むことで、相手にとってどんないいことがあるのか」を伝えます。

▼例

自身もキャリアや生き方に対してとても悩んだため、さまざまな人のキャリアに対する考え方に興味があります。誰かの道標となるような記事を目指しています。

④ 口コミ

「口コミ」はいわゆる「他己紹介」。自己紹介が、「わたしの作るオムライスはおいしいよ！」なのであれば、口コミは「あの店のオムライスはおいしいよ！」と言っているようなものです。

「第三者が言っているのなら間違いない」と思うのが人間心理です。だから、わたしたちはモノを買うとき、第三者の口コミを見たり、ＳＮＳで商品名を検索して投稿を見たりするわけです。

あらゆるサービスや商品のホームページに「この商品に出会えてよかったです（30代・女性）」というような意見が載っているのはそのため。

ぜひ、お仕事をした際に相手にもらった言葉を残しておいて、ポートフォリオに載せましょう。説得性を持たせるのにめちゃくちゃ有効だよ！

▼例

クライアントさまには、「事前の入念なリサーチ」「読みやすさ」「文体のやわらかさ」を評価していただくことが多いです。

⑤実績

続いて、**仕事を依頼する人が一番知りたい項目、実績**です。「この人は何ができるんだろう？」「どんな仕事をやってきたんだろう？」というのがわからないと、仕事を頼むのは難しいです。

これまでやってきた仕事の内容とともに、自分の担当範囲、一言コメントなどを添えて紹介してみてください。

▼例

社員インタビューの他、ステークホルダーとの対談コンテンツなど、企業の理念を広め、採用やファン作りに繋がるようなコンテンツを制作いたします。これまでに160本ものコンテンツ制作をお手伝いしてきました。

⑥料金・納期・稼働時間

これは職種にもよりますが、**料金表を提示しておくと依頼ハードルが下がり、自分が求める価格とは合わない仕事を避けることができるのでオススメです。**

また、**発注から納品までの期間や、ひと月あたりの稼働時間**なども書いておくと、お互いに齟齬《そご》なく仕事をすることができます。

その他、現場に関わる仕事なのであれば、在住地やオンライン対応の有無なども記載しておくと親切。

▼**例**

・納期は取材から1週間ほど、記事は取材・執筆を含め1本3万〜5万円でお受けしていますが、予算に合わせて柔軟な対応が可能です。ご相談ください。

・都内在住のため、打ち合わせや取材はオンライン・オフラインどちらでも対応可能です。

・週に40時間ほど稼働しているため、月5〜7本ほどの執筆が可能です。

⑦ 仕事のご依頼・問い合わせについて

最後に連絡先。大企業などはメールでやり取りをするのが一般的なので、メールアドレスを記載しておくと無難です。わたしの場合は「メールかＳＮＳのＤＭでお願いします」と書いています。

▼例

お仕事のご依頼は milkprincess17@gmail.com か、ＸのＤＭが一番早く対応できます。内容やご予算、希望納期なども添えてご連絡いただければ幸いです。

以上が、ポートフォリオ内に記載しておきたいポイントですが、ここで重要なのが**「端的」**であること！

ポートフォリオは面接のときに出す職務経歴書のようなものなので、長々と書かず、わかりやすく手短に書くことを意識してみてください。

というかそこに時間を割くよりも、**たくさん仕事をしてできるだけ開示できる実**

績を増やしてくれ。

第三者にチェックしてもらったり、実績が増えたら追加したりと、随時アップデートしつつ、強固なポートフォリオを育てていこう！

まとめ

「どうやって自分の商品を買ってもらうか」を考えて、ポートフォリオを作ろう

どうやって営業していく？

ポートフォリオを公開したところで、自然と依頼が来ることもありますが、**待っているよりも自分で能動的に動いていったほうが明らかに効率がよい**ので、自ら営業をかけていきます。

わたしの場合は、イベントなどで知り合った人に連絡をしたり、キャリアSNSで探したり、「ライター募集」で検索をかけてみたり、コミュニティやスクールなどの「仕事募集」掲示板などで仕事を見つけることが多いです。

もちろん、現時点で募集をしていなくても、一緒に仕事をしたい企業や人、気に

なるサービスなどがあれば、問い合わせてみるのもひとつの手。営業のポイントは以下です。

①丁寧に・端的に・具体的に

実績と同じくらい見られているのが**コミュニケーションのしやすさ**なので、冗長な文章や横柄な態度は論外！　丁寧で端的なコミュニケーションを心がけましょう。

②必要な情報の記載を忘れない

募集要項のなかに「稼働可能時間を教えてください」と書いてあるのにも関わらず、記載を忘れるとそれだけで選考対象外になってしまったりするので要注意。

③「メリット」をアピール

こちらもポートフォリオ同様、**「自分に頼むことで、相手にとってどんないいこ**

とがあるのか」を記載します。

④ 相手が求めているポートフォリオを提示

そしてここがとても大事！　自分のポートフォリオを送りつけたところで、すべてに目を通すほどの時間は相手にはないので、**相手の求めるものに合わせていくつか厳選しましょう。**

⑤ 余裕があれば企画・提案も持っていく

企画や提案ができる人はどの業界でも重宝されます。余裕があるのなら企画もセットで営業をかけていきましょう！

▼例

先日イベントにてご一緒させていただいた〇〇です。△△さんがお話しされていた□□の件について、インタビューライターとしてお役に立てないかと思いご連絡させていただきました。

まずは記事を1本作成させていただけないでしょうか。実績作りも兼ねているため、今回は◯◯円で提供させていただけますと幸いです。

参考までに、これまでに執筆したインタビュー記事を添付いたします。どうぞご検討のほど、よろしくお願いいたします。

▼例
はじめまして。フリーランスでライターをしております、◯◯と申します。

このたびは「◯◯メディア　ライター」の募集要項を拝見し、応募させていただきました。

■経歴
広告代理店にてクリエイティブ制作、Webメディア「◯◯」にて取材・執筆・

編集を経験したのち、２０１９年よりフリーランスとなりました。現在はインタビューを中心に、ビジネスからエンタメまで、幅広いジャンルで執筆をしています。Ｗｅｂの他に、紙媒体での執筆経験もございます。

これまでに「○○」で○○へのインタビュー記事やコラムを執筆しております。

（記事を添付）

その他の執筆実績に関しては、以下のポートフォリオをご参照いただけますと幸いです。

（ポートフォリオリンク）

■興味のあるジャンル・作品

「○○」「○○」など、ダークなテイストの作品や心理描写が丁寧な作品に興味があります。また、「○○」を始め、ＳＦ作品が好きです。今期は「○○」「○○」を視聴しています。

「〇〇メディア」では、知られざるニッチな作品についてご紹介できればと思います。何卒ご検討のほど、よろしくお願いいたします。

まとめ

待っているよりも自分で能動的に動いていこう

単価アップのタイミングは？

フリーランスで悩みがちなのが、自分の仕事に対する値付けです。当たり前にできてしまうからこそ、「自分の仕事にどれだけの価値があるのかわからない」というのが正直なところ。

一般的には、同じような仕事をしている同業者の価格表などを参考にしたり、業界相場を調べたりして、そこから大幅にズレないような値付けをしていきます。ここで、あまりに相場を下回りすぎると業種全体の価値を下げてしまいますし、上回りすぎても仕事を依頼してもらえません。

そこでオススメしたいのが、最初は「モニター価格」で相場よりも安い金額で仕

事をして、実績と信頼を積み重ねてから金額を上げていく方法。

モニター価格で提示すると、そのうちに依頼が殺到して手がまわらなくなっていくはずなので、それに合わせて適正価格に上げていきます。

単価アップのタイミングは、「これ以上仕事を受けられない！」と感じたら。たとえ価格が相場よりも上回っていたとしても、それが今のあなたの価値です。多少単価を上げたとしても、仕事を頼んでもらえるような状態になっているはず。

なお、フリーランスの先輩からは「自分が考えている単価の1・5倍の額（理想）を提示したうえで、予算に合わせて検討する、と伝える」というテクニックを伝授していただいたので、よかったら使ってみてください。

まとめ

単価アップのタイミングは「これ以上仕事を受けられない」と感じたら

お かわりをもらえたら "いい仕事"をした証

仕事相手との関わり方は定期的だったり、不定期だったり、長期的だったりとさまざまですが、できることなら定期的かつ長期的に仕事を依頼してくれる人とお付き合いしていきたいもの。

そのために、わたしが意識しているのが**「おかわり」をもらうこと**です。

相手は「ありがとうございました」と感謝を伝えてくれつつも、その仕事ぶりに納得がいかなければそこで関係性は終わってしまうはず。つまり、再度お願いしてもらえるということは、**「求めていた仕事ぶりだったよ！」**という暗黙のメッセー

ジなのです。

特に、初めて一緒に仕事をするときは「おかわり」をもらえることを目指して取り組んでみてください。

そして、残念ながら仕事がすべて1回で終わってしまうようであれば、一度自分の仕事のやり方を見直したほうがいいかも。「思っていたのと違ったなぁ」と思われている可能性があります。思い切って相手に率直な感想を聞いて、改善するのも手です。

まとめ

「おかわり」がもらえることを目指して仕事をしよう

COLUMN

3

フリーランスに必要な「ＥＱの高さ」とは

フリーランスに必要な資質にはさまざまなものがありますが、そのなかに「ＥＱの高さ」というものがあると思っています。ＥＱとは「Emotional Intelligence Quotient」の略称。ＩＱがシンプルに知能指数を指すのであれば、**ＥＱは心の知能指数**を指します。

これまでいろんなフリーランスを見てきたけれど、スキルがちょっと足りてなくても、ポンコツでも、いろんな人からの愛を受けて仕事にありつける人がいるんですよね。反対に、スキルフルでも、仕事がめちゃくちゃできても、人望を得られない人もいます。

わたしはよく、フリーランスにまつわる話をするとき、「同じぐらいのスキルを持っていて、性格のいい人と悪い人がいたら、性格のいい人に頼みたいよね。だから、人柄が伝わるコミュニケーションをしようね」と言っています。

スキルが一定のレベルを超えているとき、その人を選ぶ判断材料となるのは「やりやすさ」「コミュニケーションのスムーズさ」「好きだから」という情緒的なものになることに気づかされます。

仕事ができる人にしてみれば、「人柄で評価するなんて不公平だ」と思うかもしれないけど、仕事が人と人との関わりである以上、人柄を無視するのは難しいです。

だって、どんなに仕事ができても話が噛み合わなかったり、悪口ばかり言ってたり、気持ちを害するような人とは働きづらいからね。これは本当に元も子もないことです。ビジネスの世界でも、そうでない世界でも、「人柄」すなわち「ＥＱの高い人」が活躍するのだから。

もしも、スキルを十分に持っているのに仕事が舞い込んでこないのであれば、ビジネススキル以外の自分の内面に目を向けてみるといいかもしれません。

「人柄だけで仕事をゲットするなんてズルい！」と指をくわえて見ているのではなく、少し口角を上げてみるとか、ポジティブな声色を研究してみるとか、雑談をしてみるとか、外側からでもいいので真似してみる。

人と仕事をする以上、思いやりを持たずして仕事はまわらないのです。

第4章

ADHDフリーランスの お仕事管理術

フリーランスは自己管理できないと終わる

フリーランスに求められる大切な能力、それは**「自分を管理する力」**です。フリーランスになった瞬間、「自由だ！」と「困った！」という2つの想いが同時に押し寄せたことを今でも覚えています。

「月曜日から金曜日まで、10時に出社して仕事をする」という、「決められた時間」に「決められた場所」で「決められたこと」をやるルーティンがなくなったのです。今日はどこに行って、何をすればいいのか。誰からも指示されることなく、自分ですべて決めながら動いていくのはかなり大変なこと。

この章では、ＡＤＨＤのわたしが編み出した自己管理術についてお話しします。

①デジタルデバイスをフル活用しよう

基本的にアラームはかけませんが、どうしても朝に予定が入ってしまった場合、**スマートウォッチで起こしてもらう**ようにしています。

あらかじめアプリで設定しておけば、強い振動で強制的に叩き起こされることができるのです。

それに加えて、時間になると遮光カーテンがシャーッと自動的に開くという、**スマートホーム化**も施しているので、最悪アラームが使い物にならなかったとしても、朝の光が追い討ちをかけてくれます。

予定は前日・1時間前・5分前にGoogleカレンダーが通知してくれるように設定。オンライン会議のリンクも取材場所も、すべてカレンダーに突っ込んで管理をしています。やるべきことはすべてGoogleカレンダーが教えてくれる。なくてはならない存在です。

さらに、力強い味方として**「ルーチンタイマー」**という全国のADHD御用達のスマホアプリも使っています。

ADHDは「目の前にあることに衝動的に取り組んでしまう」という特徴があります。このアプリは、あらかじめやるべきことを設定しておくと、「次は、着替えをしてください」と音声で指示をしてくれるので、迷わずにやるべきことに着手することができます。

デジタルデバイスは、忘れっぽいわたしたちを管理してくれるありがたい存在なのです。

②まわりの人を巻き込む

わたしがフリーランスとして独立してから、何とか軌道に乗せられたのはまわりの友人の存在が大きいです。独立当時はよく、会社員として働く友人と朝活をしていました。

今でも納期がピンチの仕事があるときは、積極的に友人に声がけをして、「一緒に仕事しない⁉」と懇願しています。

「自分は自己管理能力が低い」と感じるのであれば、まわりの人を頼りましょう。

人に頼るのは申し訳ないことのように感じるし、「自分はひとりじゃ何もできないんだな」と自己肯定感が下がることもあるかもしれません。

しかし、「ひとりじゃ何もできない」は事実なのです。むしろまわりのフリーランスを見ていると、人に頼るのが苦手な人ほど自滅していくと感じています。

業務を誰かに丸投げするというのもひとつの手です。わたしはお金の管理が苦手なので、請求書の作成から収支管理、確定申告まで、すべて友人にやってもらっています。

ＡＤＨＤは、得意なこともあれば不得意なことも本当に多い。だったらなおさら、**「誰かに頼る」ことを覚えて、自分の仕事に集中できる環境を整えておくべきです。**もちろん、誰かを頼ったらきちんと対価を払って、感謝の気持ちを伝えるのを忘れずに！

③タスクツールを一元化する

世の中にはいろんなタスク管理ツールがありますが、わたしはGoogle スプレッドシートで管理するようにしています。

仕事の依頼が来たら、シートに書き込んで、「未着手」「着手中」「完了」とステータスを更新していくだけ。請求金額や請求先も一緒に書いておけば、請求書作成のときも楽チンです。

過去にはさまざまなタスク管理ツールに手を出してみたのですが、「タスク管理をすること」自体が仕事になってしまって、結局管理できなくなってしまったんですよね……。

自己管理に自信がないのなら、複数のツールを使うよりも、**シンプルなものに一元化する**のがオススメです。

④ 自分を一切信用してはいけない

自己管理において、一貫して言えるのは**「自分を一切信用してはいけない」**ということ。

高校時代までは部活に勉強に文武両道に生きてきた人も、ひとたび受験が終われば怠惰なキャンパスライフを送り始めるケースが多々あります。

わたしたちの「勤勉さ」というのは、ある意味厳粛な「規律」のもとに存在していたといっても過言ではないのです!

結局、フリーランスになっても会社員のようなスケジュールできっちりと動いている人もいますが、その人たちにとっては心地よいお仕事スタイルだったということ。これは各々が見つけていくものです。

自分のことを信用せず、デジタルデバイスやまわりの人を全力で頼りつつ、自分のスタイルを確立していってほしいな。

まとめ

自分に合った自己管理方法を見つけよう

就業規則（マイルール）を作ろう

フリーランスは会社員のように決められたルールがないので超自由！

一方で、働き方をきちんと定めないと、「ひとりブラック企業」になる時期が必ずと言っていいほど訪れます。徹夜して原稿を仕上げたり、土日も普通に働いていたり……。

そこで、わたしがオススメしたいのが**「就業規則」を作る**こと。何となくでもいいのでマイルールを定めておくと、心地よい働き方にグッと近づけます。

① 労働時間に関する事項：就業時間は12時から疲れるまで

わたしの就業規則はこんな感じです。

・就業時間：12時〜疲れるまで
・休日：週休3日制（水・土・日）
・休暇：雨の日休暇、具合の悪い日休暇、月1ワーケーション
・その他：原則リモート勤務

わたしは夜型なので、「仕事を12時スタートにすれば目覚ましをかけずに済む！」と気づいてからは、始業を12時にしています。

その代わり、夜に働くことをあまり苦と感じないタイプなので、終業時間は明確には定めていません。「疲れたら寝る」とだけ決めています。

休日に関しては、水・土・日をお休みにして、月に1度はワーケーションへ。また、雨の日や具合の悪い日は無理をせずに休むことにしています。

休む日はきちんと休む、仕事をする日はガッツリ仕事をする。**あらかじめ決めてしまうことでメリハリを作っています。**

②賃金に関する事項：会社員時代の時給を下回らない

賃金に関する就業規則は以下のとおり。

・基本給の決定法：会社員時代の時給および月収を下回らないこと
・昇給について：週休3日制が守られなくなった場合、単価を1本○円上げる
・単価について：1本○円以下の仕事は受けない（※例外あり）

「会社員時代の時給と月収を下回りたくない」という気持ちが強いので、そこを基準にして価格設定をするようにしています。

単価の見直しに関しては、わたしは**「完全週休3日制が守られなくなったら」**と

定めています。そしてフリーライターのわたしは、一定の単価以下の仕事は受けないとも定めていますが、これはその人のフェーズや仕事内容によっても異なるので、**業界平均値や自分のモチベーションに合わせて定めよう!**

単価が安くても、心から「やりたい」と思った仕事は受けることもあります。

③服務規律(仕事編):苦手なことを頑張らない

仕事に関してのルールはこのように設定しています。

- 締め切りが3日以内の仕事は受けない
- 苦手ジャンルの仕事は受けない
- 名前の出ない仕事は受けない
- 事務処理は外注する

このあたりはフリーランスとして働くなかで、「この仕事は嫌だな〜」と思った経験をもとに定めています。

苦手なものや嫌なものは最初から「やらない！」と決めることで自分を消耗せず、得意なことに絞ることができます。「苦手なことを頑張らない」という想いが大事。

④服務規律（人間関係編）：自分を大切にしてくれる人と働く

人間関係にも、自分で決めたルールがあります。

・直感で「嫌だ」と思った人とは働かない
・時間に厳しい人とは働かない
・自分を大切にしてくれない人とは働かない
・コミュニケーションが取りづらい人とは働かない

いろんな人と付き合っていると、自分を尊重してくれる人と、軽んじてくる人が何となくわかるようになってきます。自分を軽んじてくる人とのお仕事は、たとえ条件がよかったとしても、自己肯定感が下がってしまったり、精神的にしんどくなってしまったりと、マイナスになることがほとんど。

一緒に働く人を自分で選べるのがフリーランスなので、**接していて気持ちのいい人とお仕事をするのが吉！**

⑤服務規律（その他）

最後に、それ以外のマイルールです。

- 週1でサウナに行く
- 睡眠時間は8〜10時間を確保する
- 健康診断は必ず受ける

健康管理もフリーランスの仕事の一部。メンタルを守るためにも、ストレス発散と睡眠時間の確保は大事にしています。わたしの場合は週に1度メンテナンスデーを設けて、ジムに行ったり整体に行ったりしています。

さて、ここまでお読みいただいた方は「なんかこの就業規則、ワガママじゃない?」と思っていることでしょう。でも、ワガママでいいんです。**だって自由に就業規則を決められるのは、フリーランスの特権だから!**

まずは貪欲に就業規則を定めてみてから、現実ラインに合わせてみるのがオススメ。わたしの就業規則も定期的に見直して変更するようにしています。

まとめ

自由に就業規則を決められるのは、フリーランスの特権

7 リーランス、1日のスケジュールは？

ざっくりと就業規則を定めたら、**曜日ごとの動きを決めておく**のもいいよ。一例として、わたしのスケジュールをお見せします。

月：お仕事デー
火：メンテナンスデー
水：お休み
木：お仕事デー
金：予備日
土：お休み

日：お休み

基本的にはこんな感じのスケジュールで動いています。週休3日制を導入していますが、7日間フルで働くこともあれば、旅行に出かける場合などは直前に仕事を詰める代わりに、週1しか働かないときもあります。**時間の融通が利くのはフリーランス最大のメリット！** 以下は、とある日のわたしのスケジュールです。

11時　起床

朝が苦手なので本格的な起床は遅めです。目覚ましをかけず、「起きたくなったら起きる」というズボラスタイルを取っています。

できるだけ朝イチの予定は入れないようにしていますが、どうしても入ってしまった場合は、現地に宿泊したり、友人に頼んでモーニングコールをしてもらったりして頑張って起きます。

好きな時間に起きられるのはフリーランスになってよかったことNo．1かも。

12時　連絡チェックタイム

メールなどの連絡系はまとめてチェック。**仕事中に小まめに連絡を返すのが苦手なので、まとめて返してメッセージを非表示にするようにしています。**こうすると返信漏れを防げるので連絡が苦手な人はぜひ真似してほしい。

12時30分　打ち合わせ

地味に多い打ち合わせ。新規取材や業務委託先の定例ミーティングなど、さまざまな打ち合わせがあります。

13時30分　取材準備

事前に用意しておいた質問項目や情報をチェックして備えます。

14時　取材

1本の取材にかかる時間は1時間ほど。最近ではオンライン取材が増えたので、移動時間がかからないこともあります。

15時　構成案作成

取材が終わったら、忘れないうちに構成案を作成。記事を1本書くのに最低でも5時間はかかります。複数の記事を並行して書いています。

15時30分　移動中：種まきタイム

移動中は「種まきタイム」と称して自己発信に当てています。「どうせスマホをいじるか本を読むかしかできないんだから、種まきに当てたほうがお得じゃない？」という考えのもと、スマホで文章を書いて過ごすことが多いです。

17時　習いごと

習いごとを平日夕方に入れられるのもフリーランスならでは。

18時　移動中：種まきタイム

ＳＮＳに届いたコメントを返したり、投稿したりします。**フリーランスは発信が命！**

19時30分　ごはん・お風呂

夜ごはんを食べながら話題のコンテンツをチェック。お風呂に入っているあいだも本を読んだり、スマホを触ったりすることが多いです。

21時　種まきタイム

ここでもＳＮＳをチェックしたり、個人の記事を書いたりしています。

22時　執筆タイム

夜は誰からも連絡が来ないこともあって、集中作業に最適。ある程度まとまった時間があるほうが書けるので、いつも夜遅くになりがち。

1時　自分時間
漫画を読んだりアイドルの動画を観たりして1日を締めます。

2時　就寝
そんなこんなで寝る時間。

わたしを含めまわりのフリーランスを見ていると、午前中は仕事をして午後に遊ぶなど、かなり**柔軟にスケジュールを組んで動いている人が多い**です。

まとめ

ざっくりでもいいので曜日ごとの動きを決めておこう

ADHDに絶対に向いていない働き方と対処法

仕事を選べるのは、フリーランスの大きなメリットです。

とはいえ、わたしはこれまでに、**「これは絶対にＡＤＨＤには向いてない！」**と思う類の仕事も数多く経験してきました。自分に向いていない仕事が来たとき、どう対処するのか。ここではそんなお話をしたいと思います。

① 朝が早い仕事：午後対応にする

ＡＤＨＤの特性に「過集中」というのがあるのですが、それが悪い方向に働いてしまい、寝る前にやっていたことを中断することができず、夜更かししている人は多数。

そんなわたしが最終的に行き着いた解決策は、**朝に予定を入れない**ということ。基本的にすべての予定を昼の12時以降に入れるようにするだけで、かなり健やかに生きられるようになりました。

②長期に渡る仕事：小刻みに締め切りを設ける

ADHDは長期に渡る仕事に向いていません。というのも、**時間の逆算が苦手**だからです。わたしの請け負うライターの仕事は、せいぜい取材してから納品するまで1～2週間程度なので、ひとつの仕事にそこまで時間はかかりません。

しかし、わたしが一時期勉強していたデザインの仕事は、設計から完成までが3か月間程度。ライターの仕事と比べると圧倒的に長いので、どのくらいのペースで進めれば完成するのかがわからず、途中で放り投げてしまいました。

そんなときは、自分で小さく締め切りを切って「誰かに見せる日」を決めるのがオススメです。

この書籍も全然計画的に執筆できていませんが、「2週間に1度、進捗確認をしてください」とお願いして、担当編集さんにミーティングを設定してもらったおかげで何とか書けました。

ただ、精神的に疲れるので苦手な仕事であることには違いないです。**結論、短納期がよい。**

③マルチタスクの仕事：1日1案件と決める

フリーランスとしては致命的かもしれませんが、ADHDはワーキングメモリが少ないので一度に処理できることが限られています。つまり、**マルチタスクが死ぬほど苦手です。**

1日にいくつも異なるジャンルの仕事をこなそうとすると、優先順位が付けられずにごちゃごちゃになりがち。

そんな事件を防ぐためにも、「今日はこの仕事だけしかしない」というふうに、クライアントごとに仕事をする日を設定することにしています。そうすることで、ADHDの過集中という特性も活かせるので、**1日1案件がベストです！**

④話を聞くタイプの仕事：役割を与えてもらう

ADHDは人の話を聞くのが非常に苦手。文字どおり、右から左に流れていくので、会議や打ち合わせの最中もボンヤリしがちです。

そんなわたしですが、最近会議の司会を務めるようになったことで、話を聞けるようになりました。司会なので、自分が話を聞いていないとまわらないし、参加者にも迷惑がかかってしまいます。どうも、「責任感が生まれる」と「話を聞けるようになる」らしい……というのがわたしの立てた仮説です。

プロジェクトマネージャーになったり、ファシリテーターになったりと、何かしらの「役割」を与えてもらうことで責任感が生まれ、話が聞けるようになる。

そうやって強制的に「聞かなければいけない状態」を作ることで、会議やディスカッションにも前のめりで参加できるかもしれません。めちゃくちゃ疲れるけど。

⑤ 締め切りのない仕事：締め切りを設定するよう頼む

「いつでもいいですよ」と言われると、1か月間ぐらい平気で納品しないのがADHD。**甘えられるものには全力で甘えていくスタイルです。**

加えてワーキングメモリが非常に小さいので、その仕事があったこと自体を忘れてしまいます。頭のなかでは「出さなきゃ」と思いつつ、別の仕事をこなしていると忘却の彼方へ……。

基本的にはクライアントのほうから締め切りを設定してくれることが多いですが、「いつでもいい」と言われると甘えてしまうので、「締め切りがないとやらないので仮で決めてください！」と正直に伝えましょう。

ここまで5つの向いていない仕事と対処法を並べてきましたが、総じて言えるのは**「やらなくていいのなら、やらないほうがいい」**ということです。

朝が苦手なのに朝早い仕事を受けたり、スケジュールが立てられないのに長期プロジェクトを受けたりするのは、やはりどこかで無理がたたりますぞ。自分の苦手をきちんと知って、自分に向いている仕事を選び取っていこう。

まとめ

フリーランスは仕事が選べる。やらない仕事を決めよう

7 フリーランスが最低限やるべきお金のこと

わたしがフリーランスとして独立することになったとき、母から投げかけられたシンプルな一言があります。

「えっ、お金大丈夫なん？？？」

母が真っ先にお金の心配をしたのには理由があります。それは、わたしがお金の管理に関して超絶ルーズだから。「いま口座にいくらあるのか」「来月はいつ請求が来るのか」というのを管理するのがものすごく苦手なんですね……。

というわけで、ADHDのわたしが最低限やっているお金のことをシェアします。

①すべて「引き落とし」を徹底する

はじめから引き落としができるものは、速攻で引き落としにするのが鉄則。電気代もガス代もすべて口座引き落としか、クレジットカード払いにしています。銀行振込やコンビニ振込は確実に忘れるからね。

なので、わたしは引き落としができないものは届いたらその場でスマホから振り込むことを徹底しています。それでも、支払いを忘れて督促状が届いたことが何度もあります……。もうイヤ！

すべての支払いが自動的にされるような設定にしておくこと、地味に大事です。

② 口座とカードを無駄に作らない

ＡＤＨＤはマルチタスクが苦手です。そんなわたしたちが複数枚クレジットカードを持っていいはずがない！

使うカードがひとつなら、引き落とし日を管理しなくてもよくなるし、「引き落とし日なのに口座にお金を入れ忘れた」ということもなくなります。キャンペーンやポイントとの兼ね合いはあれど、そこはぐっと堪《こら》えて**口座とクレジットカードは絞る**こと。可能であれば、事業用と個人用で分けると、確定申告が格段にラクになります。

③ 現金は使わず、家計簿アプリで自動記帳を

現金を使うことで、一番面倒になるのが収支管理です。現金で支払った場合、レシートを1枚1枚見ながら記録をつけなければいけませんが、クレジットカードやネット決済なら、オンラインで自動記帳することができます。

「この日は何にお金を使ったんだっけ?」というのが、労力いらずで一瞬で確認できる。これをミラクルと呼ばずに何と呼ぼうか。

一番ありがたいのが、クレジットカードの支払日と金額がわかること。

クレジットカード各社も事前にメールや手紙で教えてはくれますが、まぁそんなものをいちいちチェックする余裕はないので、一括管理できるのはありがたいです。

会計ソフトとも連携しておけば、確定申告も楽々なので、**お金に関するあらゆるストレスがフリーになります。**個人的に、ここへの投資は惜しむ理由がないと思ってます。

④ほったらかしの積み立て投資で節税する

以前、投資家の方に取材させていただいたときに、「とりあえず積み立てておけばいいんじゃない?」と軽いノリで言われたことをきっかけに、数年前から「iDeCo」と「NISA」をしています。

初心者はチャートを見ず、どんな状況でも分散投資しながらコツコツと積み立てて、最終的に「増えてる!」となればいい……とのことだったので、それに習って積み立てています。

今のところ、何もせずにほったらかしていますが、着実に増えているのでラッキー。それに、個人的には**「節税できる」**というのがすごく魅力的です。10万円を口座に入れておいても何も起きないけれど、投資をしていれば節税になる。だったら投資のほうがいいんじゃないかと思ってやっています。

iDeCoに関しては、「60歳にならないと受け取れない」というデメリットがありますが、現在の医学の進歩や自分の健康状態を見る限り、「これは60歳まで確実に生きるだろうな」と思ったのでやっています。こちらも節税になるのでオスススメです。

ズボラだけど将来のために何かはしておきたいという方は、ぜひこの「積み立て運用」を検討してみてください。

⑤ふるさと納税は早めに申し込む

ふるさと納税は、最近だとフリーランス以外の方もやっていたりするので、かなり有名な節税方法です。

簡単に言うと、所得税や住民税を任意の自治体に寄付をすることで、2千円を超えるぶんが翌年の所得税や住民税から控除されるうえ、寄付額の3割相当の返礼品をゲットできる仕組みです。

要するに、普通に納税しているよりもお得！

どうせ納税しなくちゃいけないのなら、控除を受けて返礼品をもらえたほうがいい。しかし、年収や家族構成によって上限金額があるため、過去には上限金額の算出が間に合わず、ふるさと納税が受けられなかった年もあります……。

まわりの話を聞いていると、**上限金額が確定する前から返礼品の目星をつけて、少しずつふるさと納税をしているそうです。**早く教えてほしかった話No．1なので、この場を借りて皆さんにシェアさせていただきます。皆さんはぜひ、お忘れなきよう。

⑥お金の管理に時間を使うな

余談ですが、「お金の管理にお金を使う」のが一番理にかなっていると感じます。

わたしの場合は会計ソフトへの課金に加えて、確定申告書類をまとめてもらうため友人に外注をしているのですが、この課金があるからこそわたしは仕事だけに集中できていると感じます。

フリーランスは、やりたいことがあったり、実現したいことがあるからこそ選ぶ働き方。**だから、お金のことに関してリソースを割くより、働くことに集中するのがベストなのでは⁉**

使えるものはジャンジャン使いつつ、押さえるところはきっちり押さえて、ズボラなりに破産せずに生きていこう！

まとめ

お金のことを考えなくて済むような仕組み作りをしよう

COLUMN

4

「ローコスト・ローインカム思考」でヘルシーに働く

何だかよくわからないけど「フリーランス」と「稼ぐ」はセットで語られがち。フリーランスは毎月決まった収入があるわけではないので、漠然と「稼がなきゃ」と思ってしまい、特に明確な目標もないまま焦って目の前の仕事をこなしているような人も多いような気がします。

そこで、わたしが大切にしているのが「ローコスト・ローインカム思考」。要するに、固定費を極限まで下げれば、大して稼がなくても楽しく生きていけるという考え方です。

以前、ミニマリストの方に取材したとき、こんなことを言っていました。

「もともと僕は働くのがあんまり好きじゃなかったんですけど、モノを減らすことで毎月の生活費が抑えられれば、必要以上に働かなくてよいじゃないですか。

月7万円の生活費ならアルバイトでも、週に3～4日くらい働けば生活費は賄えてしまう。そうすると、時間に余裕ができますし、7万円以上の稼ぎは旅行や読書など自己投資にまわしてもいい」

わたしもまったく同じ考えを持っています。そもそもわたしは「働くよりも寝ているほうが幸せ」な人間なので、あくせく働くことがあまり好きじゃない。

だからこそ、「バリバリ稼ぐぞ！」というよりは、「必要最低限稼げればいいや」と考えて仕事のバランスを調整しています。

そのうえで、鍵となるのは「毎月の固定費」です。自分の今の生活は、月にいくら稼げば成り立つのかをきちんと可視化しておく。わたしの場合は、最低でも10万～15万円ほど稼げていれば死にません。

固定費を可視化すると、「そんなに働かなくてもいっか」という気持ちになってくるので、とてもヘルシーに働けます。

それに加えて、わたしは「Ｍｙ浪費ルール」というのも決めています。人生のなかで、何にお金を使い、何に使わないのかを決めているのです。

たとえば、「何かを体験するのは早ければ早いほど、多ければ多いほどいい」と思っているので、旅行や本などには投資を惜しみません。

一方で、アクセサリーはまったく着けないし、ブランドにも興味がないし、ひとりのときのごはんにはこだわりが何もないので、納豆ごはんしか食べません。

こうしてメリハリをつけることで、浪費をすることを防ぐことができます。

この「固定費の可視化」と「My浪費ルール」を決めることで、「ローコスト・ローインカム」が現実的になってきます。

わたしはバリバリ稼ぎまくっているわけではないですが、現状の働き方バランスには大変満足しているので、こういう生き方も選択肢のひとつとしてありますよ！

第5章

フリーランスに疲れたときは？

ADHDフリーランス、自己肯定感を上げるには？

これはＡＤＨＤあるあるですが、苦手なことや、できないことが多いがゆえに、**「なんで自分は当たり前のことができないんだろう……」**と自己肯定感を下げてしまいがち。

うっかり忘れ物をすることも、遅刻をすることも「自分が不注意だからできないのだ」と思ってしまうので、ポンコツな自分に嫌気が差してしまう。

この章では、わたしが仕事に疲れたときや、自己肯定感が下がってしまったときにやっていることをお伝えします。

①「理解ある人」とだけ仕事をする

ＡＤＨＤであるわたしがこれまで生きてこれたのは、**まわりの人たちの協力あってこそ**だと思います。

「そろそろ出ないと間に合わないよ！」「傘持った？」「明日は何時に家出るの？」とリマインドしてくれる両親、遅刻しても「お店を見ていたから大丈夫だよ」「そうだろうと思って15分早めの時間教えといたよ」と笑って許してくれる友人……。

まわりの人の理解なくして、わたしはこの世界で健やかに生きることはできなかったはず。だからこそ、仕事でも自分の特性に理解ある人と一緒に組めればこれ以上のことはありません。

わたしの場合は、「締め切りギリギリになる癖があるので、余裕を持ったスケジュールを教えてもらえるとありがたいです」「朝が苦手なので打ち合わせは午後にしてください」と正直に伝えるようにしています。

自己中に見えるかもしれませんが、「締め切り厳守！」な人と働いても、双方が辛い思いをするだけなので、できるだけ理解ある人と働くことで気持ちよくお仕事ができるはずです。自分の特性を伝えたうえで、「それでも一緒に仕事がしたい」と思ってくれるような人に出会えたら、めちゃくちゃ大切にしましょう！

② 自分が不得意な時間に予定を入れない

わたしは早起きが苦手なので、いっそ開き直って、**人に会う予定はすべて午後に入れるようにしています。**

すると、無理をして起きることも減り、寝ぼけた頭で仕事をすることもなくなりました。自分がよいパフォーマンスをできない時間に仕事を入れても、スムーズに仕事は進みません。

それならば、不得意な時間は潔く寝て、自分の得意な時間にバリバリ働いたほうが自分のためだし、相手のためでもあります。

「これは自分を甘やかすためじゃない、みんなのためなんだ！」と正当化して、得意な時間に働くようにしましょう。**無理矢理正当化していくのも自己肯定感を下げないコツ！**

③仕事の領域を「できること」だけに絞り、「できないこと」は誰かに頼む

以前、Ｗｅｂデザインの勉強をしていたときに、デザインには楽しく取り組めたものの、コーディング（制作したデザインをブラウザ上に反映させていくこと）のところで盛大につまずき、「ダメだ、わたしはＷｅｂデザイナーにはなれない」と挫折したことがあります。

しかし、まわりのＷｅｂデザイナーに話を聞いてみると、デザインは自分で行い、コーディングは外注しているというパターンが多いそうです。

わたしにしてみれば、面倒なコーディングだけを担ってくれる神様なんてこの世

に存在するんか？　と思ってしまうのですが、驚くべきことに「コーディングしかしたくない」という人は意外とたくさんいるそう。

であれば、苦手なことを克服するよりも、自分が得意なことに全力集中して、苦手なことは得意な誰かにお願いしたほうがお互いにハッピーですよね。

「できないこと」は人の力を借り、「できること」で価値を提供する。それで世界はまわっているのだ。

④「できたこと」「褒められたこと」をストックする

自己肯定感が下がっているときは、悪いことばかり考えてしまいがち。

そんなときのために、自分に向けられたポジティブな言葉や、褒め言葉を取っておこう。わたしは**「上がれ自己肯定感」**というフォルダをスマホの写真アルバムのなかに作って、落ち込んだときに見るようにしています。

過去に褒められたことはたくさんあるはずなのに、落ち込んだときはなぜかひとつも思い出せなくなる。だからこそ、**過去にかけられた言葉のチカラを借りて、自分を奮い立たせるのです！** ポジティブな気持ちになれるので、とてもオススメなライフハックです。

仕事でミスをしたり、自分のせいで誰かに迷惑をかけるようなことが起きたりすると、どうしても落ち込んでしまうもの。

わたしたちＡＤＨＤは「やっちまった！」事件が多発するのが日常でもあるので、できるだけ落ち込まずに冷静に対処できるようにするためにも、予防線を張りまくることと、自分で自分を保つ術は持っておきましょう。

まとめ

「できることを着実にやること」が自己肯定感を下げないコツ

フリーランスで心が疲れたらやること

つねに仕事と隣り合わせのフリーランスは、仕事のことがずっと頭のなかにあったり、将来に対する不安を抱えやすいことから、ときには心が疲れてしまうこともあります。

特にＡＤＨＤは多動性やワーキングメモリの少なさも相まって、「疲れやすい」という特徴があります。**人一倍疲れを抱えやすい性質だからこそ、定期的なリフレッシュが必要不可欠です。**

①「情報源」を精査して、心が疲れる要因をシャットアウト

これはわたしの所感ですが、フリーランスって意識高い人が多すぎやしません

か？

「休日こそ働くことで、まわりと差がつく！」と呟いている人を目にすると、すごいなぁと思う一方で、心が疲れていくのを感じます。

自分のやる気があるときには刺激になる情報も、疲れているときに見るとネガティブに受け取ってしまいがち。そんなときは、**思い切って受け取る情報を精査する**のがオススメです。

〝何となく〟フォローしていたアカウントやチャンネルを解除したり、心がまろやかになるようなアカウントを探してみたり、情報源をデジタルから本や雑誌の紙媒体にしてみたり。

本来は自分にとってプラスになるためにやっているSNSに、自分の心を持っていかれないで！

②「強制デジタルデトックスデー」を作り、リアルを楽しむ

「いつでもどこでも働ける」フリーランスは、いつでもどこでも仕事をしてしまいます。フリーランス仲間と遊んでいるときも、カラオケの途中でＰＣを開いたり、カフェで雑談中にメールに返信したりと、「遊びながら仕事をしている」様子をよく目にします。

でも、たまには「ＰＣもスマホも一切見ない日」がないと、身も心も休まらない！　そこで、関係者宛に「この日は休みます」とメールを送ったり、チャットなどの表示名に「休み」と書いたりして、**強制的にデジタルデトックスデーを作りましょう！**　他にも、以下のようなデトックス法があります。

- 本を持って近所のカフェに行く
- 引き出しのなかにスマホとＰＣを封印する
- スクリーンタイム（スマホの使用時間に制限をかけることのできる機能）を設定し

てコンテンツが見られないようにする

デジタルから離れる方法はいろいろありますが、わたしがよくやっているのは「スーパー銭湯に行く」ことです。お風呂に入っているときは、全人類強制デジタルデトックスタイム！　ロッカーにすべてを預けて館内着に着替えたら、のんびり温泉や食事を堪能しています。

たとえば「ディズニーランドに行く」でも、「友だちとキャンプに行く」でも大丈夫。好きなものに囲まれて、仕事を忘れる時間を作りましょう。

③「通知の設定」を見直して、スマホをチェックしない

実はわたし、現在はスマホに来るすべての通知をオフにしています。

正確には、SNSやメールなどのアプリについた「通知バッジ」のみで連絡が来たかどうかを判断しています。

そうすると、自分のペースで連絡をチェックしたり返したりすることができるので、通知に振り回されなくなります。

以前は通知が来るたびにＬＩＮＥを見たり、メールを開いたりしていたのですが、それだとずっとスマホに張り付いてしまうので、思いきって通知をすべてオフにしてみました。

「全部オフにするのは心配」という人は、まずは仕事に関係のないＳＮＳからオフにしてみるなど、小さく試してみるといいと思います。

緊急の連絡が多い仕事に心が疲れているのであれば、そもそも「緊急対応ができない」前提で仕事を受けるように、仕事のやり方を変えるのも大切。

④「何だか違う」仕事を手放して、新しい仕事を呼び込む

フリーランスをしていると、クライアントとの付き合いが長くなっていく一方で、**「自分のやりたいこと」との乖離が生まれるタイミングがあります。**

駆け出し時には「自分の成長のために」と受けた仕事が、いつしか片手間でできるようになり、気づけばルーチンワークになっていることも。

長いお付き合いのなかで、継続的に仕事を依頼してくださるのはとてもありがたいこと。その一方で、わたしたちは日々変化をし続けます。スキルも上がっていくし、やりたいことも変わっていきます。

「この仕事は、今の自分には違うかもしれない」と感じたら、手放すのが自分のためであり、相手のためである。そうやって、**改めて自分が受けている仕事を棚卸ししてみる**ことで、また新しい仕事が入ってくるようになるはず。

まとめ

自分の心のケアをすることもフリーランスの仕事の一部

相談相手やメンターを作ろう

会社員の場合、特にこちらからお願いせずとも上司や先輩が伴走してくれたり、定期的に面談の機会を設けたりしてくれますが、フリーランスには道を示してくれる存在がいません。

そのため、がむしゃらに目の前の仕事をこなしていくなかで、「本当に今やっていることは正しいのか？」とキャリア迷子になってしまうこともあります。

そんなときは、フリーランスとして自分の一歩先を行く先輩に相談に乗ってもらうようにしています。**メンターのような存在を、自分で勝手に作るのです。**

もし身近に相談できる存在がいないのであれば、SNS上で自分が目指すべき道を進んでいるフリーランスの方にメッセージを送ったり、フリーランスが集まるコミュニティなどで探してみるといいと思います。

わたしは進むべき道に迷ったとき、フリーランスとして尊敬している人に相談したり、前職の先輩に話を聞いてもらったりするようにしています。

まとめ

困ったときは一歩先を行く人に頼ろう

COLUMN

5

ライスワークとライフワーク

フリーランスをしていると、大きく分けて2つの仕事があることに気づきます。

ひとつは、生きるためにやっている「ライスワーク」。自分にごはんを食べさせていくためには、時に大変な仕事を引き受けなくてはならないこともあります。

もうひとつは「ライフワーク」。たとえ価格が見合わなかったとしても、自分が人生において重要だと思っていることや、心からやりたいと思っているような仕事なら、やるべきことだと思っています。

一方で、「やりたいこと」や「好きなこと」は、必ずしも自分が望んだ価格で受けられるわけではありません。「好きなことを仕事に」とは言われているけれど、一般的にそれらは儲からないことが多いのです。

たとえばライターのなかでも、みんながやりたがるエンタメ領域のライターは単価が低く、難易度が高いビジネス系ライターは単価が高いという風潮もあります。もちろん、すべての仕事をライフワークにすることは理想ではあるけれど、それだけじゃビジネスとして成り立たなかったり、自分にとって必要なお金を賄いきれないこともあるのが現実。

だからこそ、わたしは「ライスワーク」と「ライフワーク」をバランスよくやっていくのが大切だと考えています。

好きなことで儲けようとするから苦しくなる。財務状況を圧迫して嫌になってしまう。だったらいっそ、**「これはライフワークなのだから、値段を気にせずにやろう！」**と割り切って気持ちよく引き受けるのがいいと思うのです。

ものすごく夢のないことを言ってしまいますが、現在わたしは何冊か本を出版させていただいているものの、その印税だけではとても食べてはいけません。でも、そこが別に収入の中心ではないので、「書きたいことを書こう」と思って書いています。

もし、「この本で一発当てなければ！」という気持ちで取り組んでいたら、こんなにのびのびとは書けなかったはず（もちろん売れるに越したことはないけど！）。

この仕事は「収入を得る」と割り切ってやる仕事なのか、自分の人生のためにやる仕事なのか。やりたいことが制限されることも、収入が下がることも、どちらも持続的なフリーランスライフにとってはよくないので、バランスよく仕事を受けていこう！

第6章

将来に繋がる仕事をするために

7 フリーランス中級者以上がやるべきこと

フリーランスを長くやるうちに、フリーランスにも「フェーズ」があることに気づきました。お金の悩みがどうでもよくなったり、やりたいことが変わったり……と**悩みもやることも、少しずつ変化する**んですよね。

まず、駆け出し期を抜けてフリーランスに慣れてくると、以下のような悩みが発生します。

・ひとりブラック企業になる
・やりたいことができない
・スキルが停滞する

ある程度人脈ができて、仕事がまわってくるようになると、「自分の時間がない」「無理してやりたくない仕事をやっている気がする」という**「ひとりブラック企業問題」**が浮上してきます。

自分らしい働き方を実現するために選んだ道なのに、業務過多になるのは本末転倒。そんな状態を抜け出すには、とにかく自分に最適なワークライフバランスと仕事を見極めること。「仕事を断るなんて申し訳ない！」と思うかもしれないけど、心を鬼にして自分の心と身体を守ってほしいです。

また、フリーランスとしてしばらく働いていると、自分に足りないものに気づいたり、スキルの停滞に悩んだりすることが増えてきます。

そんなときは、信頼できる人をメンターにつけて相談したり、新しい仕事にチャレンジしたりして、自分の成長を促してあげよう。続いて、自分にぴったりの働き方を覚えると、お金と仕事の心配が薄れて余裕が生まれ、クライアントから仕事を「いただく」のではなく、自分で「作る」動きが生まれます。

「やりたいこと」が生まれ、実行に移せる力が備わったことで、「0→1」で事業を作り始められるのです。

わたしのまわりだと、スクールを立ち上げたり、メディアを作ったり、お店をオープンさせたり、コミュニティを作ったり、オリジナル商品を開発したりと、さまざまな「やりたいこと」を形にしている人がいます。

一方で、「やりたいこと」がない人は、めちゃくちゃ悩む時期でもあります。

わたしはフリーランスになったばかりの頃、「できること」はありましたが、「やりたいこと」はなかったので、いつか「やりたいこと」が生まれたときのために、新しい仕事にチャレンジしてみたり、スキルを磨いたり、SNSの投稿を頑張ったりと、水面下で種まきをしていました。

それが実り、書籍出版を経て「自分の商品」を持つ喜びを知り、新たに書籍を出版したり、「書く」ことにまつわるスクールを立ち上げたりと、少しずつ動きが変わり始めています。

フリーランスの悩みは尽きないけれど、悩むということは、その先に実現したいことがあるという証拠。目の前のやるべきことをやっていれば、深く悩むことは減ってくるはずです。

まとめ

フリーランスの悩みは尽きない。
少しずつやりたいことを形にしていこう

フリーランスのゆるゆるスキルアップ術

フリーランス中級者になると、スキルの停滞に悩むことも。会社員とは違い、定期的に上から無理難題が降ってくることがないからこそ、「何だか最近同じことばかりやっている気がする」と、**どうしても停滞する瞬間が訪れる**んですよね。

とはいえ、ゴリゴリにスキルアップする元気もないので、わたしが普段意識している、ゆる〜いスキルアップ方法をご紹介します。

①「移動中に本を読む」習慣 is 最強

わたしは毎年のように「100冊本を読む」という目標を立てているのですが、

毎年大々的に宣言しているにも関わらず、いつも50冊で終わっています。ここまで意識しても、なかなか本って読めないものなのよ……！

２０１９年に行われた文化庁の調査によると、16歳以上の平均的な読書量は、月に１冊も本を読まない人が47・３％と、約半数の人が本を読まないそう。

裏を返せば、本を読むだけで圧倒的な差をつけられるということです。

会社員の友人のなかには、年間３００冊本を読んだという強者もいて、会社の通勤時間すべてを読書に当てていたそうです。

どうせ移動中なんて、ＳＮＳをボケッと見ているか、友だちにメッセージを返しているか。「移動時間は本を読む！」と決めてしまえば、意外と習慣化できちゃうものです。

取材ライターとして、これまでさまざまな人にお話を聞いてきましたが、やはり、大成している方は読書家であることが多かったです。**大体の知識は本から得られるし、知識は必ず武器となります。**

わたしの場合は、最新作や話題作はもちろん、自分の仕事に関連するものは目を通すようにしています。今はオーディオブックや動画なども充実しているので、耳からのインプットもオススメ！

②アウトプットはスキルアップへの近道

とはいえ、やっぱりいくら本を読んでも動画を観ても、「インプット」は「アウトプット」しないと自分の血肉になっていかないんですよね……と口を酸っぱくして言っているのが、わたしの敬愛する精神科医の樺沢紫苑《かばさわしおん》先生。

ベストセラー『学びを結果に変えるアウトプット大全』（サンクチュアリ出版）のなかで、こんな言葉を残しています。

「インプットすると、脳の中の情報や知識が増えます。しかし、インプットだけでは、現実的な変化は何ひとつ起きません。一方、アウトプットは「行動」です。アウトプットして初めて、現実世界に対して変化や影響を与えることができるのです。本を100冊読んでも、まったくアウトプットしなければ、現実の世界は何ひとつ変化することはありません」

要するに、**本質的に自分や現実を変えたければアウトプットするしかねぇ**ってことです。「アウトプットって何だかめんどくさそう」と思うかもしれませんが、別に完璧な読書感想文とか、レポートとかが求められているわけではありません。自分なりに感想が言えたり、ひとつだけでも実行できたりしたらOKです。

わたしは「アウトプット」を、「自分の外に出すこと」と定義しています。本を読んだり、動画を観たりしたら、自分の心に残ったことや、新発見だと思ったことを言葉にして残しておく。行動してみる。それだけでも、学びの質は変わっていくと思います。

③毎日何かしら仕事に関連するものに触れる

わたしだったら、仕事が「ライター」なので、毎日何かしら「読む」か「書く」ようにしています。好きな小説を読むのでも、テキトーな日記を書くのでもいいので、大切なのはやり続けること。

デザイナーだったら、美術展に行くとか、素敵なお店の内装を観察するとか。マーケターだったら、流行りのアプリを触ってみるとか、話題のスイーツを食べてみるとか。そのぐらい日常的なものでいいと思います。

すぐに劇的な効果が現れるわけではないけど、**「意識する」だけで日々の行動が変わっていく**と思うんですよね。

わたしも小説を読んでいるとき、「この小説から良質な言葉をたくさんインプットするぞ！」と意気込んでいるわけではありません。ただ、読んでいるうちに自然と「この表現、参考にしたいな」と思い、アンダーラインを引いたりしています。その積み重ねがきっと、仕事にも生きてくるんじゃないかな。

以前、デザインの勉強をしたときに驚いたのが、基礎的なことを押さえても、オシャレにデザインができるわけではないということ。デザイナーはいかに日々の生活のなかで観察し、デザインの引き出しを増やせるかが大切なのだそう。

こうした積み重ねが、スキルに繋がっていくはずです。

④ 年に1度、新しいことを始めてみる

わたし、年に1度ぐらいのペースで、何か新しいことを始めているんですよね。

コロナ禍ではWebデザインの勉強をして、温泉ソムリエやサウナ・スパ健康アドバイザー、熱波師検定などを受験し、最近だと英会話やコーチングのスクール

に通っています。

「今後のために勉強するぞ！」というよりは、「何か面白そうだからやってみるかぁ」という感覚で受講を決めることが多いです。

フリーランスの仕事にはさまざまなものがあるけれど、**「掛け合わせ」で仕事の幅が広がっていく**ものも多いです。

たとえば、サウナ関連の勉強をしたことでサウナライターとしての仕事を受注できたり、コーチングを学ぶことによって多角的な視点から取材ができるようになったり。もちろん、趣味から始まるお仕事だってあると思います。

何か新しいことを始めてみる。それが、いつの間にかスキルアップに繋がっていくってお得じゃない？

⑤「できる?」と言われたらとりあえずやってみよう

わたしは今、広報の仕事もしているのですが、これはフリーランスになってから未経験で始めたものです。

だから、やることなすこと初めてのことだらけ。「これをやってね!」と言われてもさっぱりわからないので、前任者の仕事を参考にしたり、調べたりしながらこなしていました。

どんな仕事でも、最初は手探りです。「知らんがな!」と思うこともあるけれど、相手は「お前ならできるやろ」と見込んで頼んでくれていると思うので、いきなり断るのはスキルアップのチャンスを逃しているかも。

最近でも、やったことのないお仕事が次々に舞い込んでいます。すべて未経験ながらも、**「頼まれたからにはやってみるか」**というスタンスで取り組んでいます。

フリーランスって何が仕事に生きてくるかわからないのですが、**いつどんな仕事が降ってきても受け止められるように、日々筋トレを欠かさない**ことって大事だと思うんですよね。

とはいえ、毎日ハードなメニューをこなす必要はありません。ストレッチをするぐらいの感覚でインプットとアウトプットをしたり、仕事に関連するものに何となく触れながら過ごしてみたりするぐらいでよいと思うのです。なぜなら疲れるから。

スキルが停滞したり、下落したりすることだけは避けたいので、必要とされるフリーランスとなるためにゆる〜くスキルアップしていきましょ！

まとめ

フリーランスになってからも、スキルアップは欠かさずにやろう

稼げるフリーランスになるには？

フリーランスをやっていると、「稼ぐにはどうすればいいんですか？」とよく聞かれます。「フリーランス」には「稼げる」という枕詞がつきがち。それは、おそらくみんなが求めていることだからだと思うんですよ。**稼ぎてぇ！**って。

ただね、稼ぐにもいろいろあると思うんですよ。わたしは稼ぐことが先行してやりたいことができないのは嫌だ。

一方で、時には効率よく稼ぐことも大事だと思うので、稼ぐために大切なこともまとめておきます。

① 多くの時間を割く

当たり前だけど、時間を割けば割くほど収入は増えます。1日シフト4時間入るより8時間入ったほうがそりゃ稼げるじゃん？

単純に時間をたくさん使えば収入は上がります。でも、時間を切り売りするような仕事をしていると、いくら作業が速くなったとしても、**やっていることが変わらなければ収入に天井が見えてきます。**

わたしもいろいろ記事を書いてきましたが、「月に10本が限界だな」と悟りました。もちろん、その収入に満足できていたり、健康を損なわない程度なら別にこの働き方でもいいと思います。

でも、それが嫌なのであればもう一歩踏み込むことが必要になってきます。

②時給を上げる

稼げる人は時給が高い人！　これもシンプルですね。

請け負う仕事の数が増えてきたタイミングで少しずつ値上げをしていくことで、自分の時給が上がっていきます。「時給換算で○円以下の仕事は受けない」と決めているフリーランスも多いんじゃないかな。

なかには単価の高い業界や職種などもあるので、最初から稼ぐ目的でフリーランスになるのなら、そこも加味して選ぶことが必要です。**需要があって難易度が高い仕事は単価が高い！**

ちなみにライターは正直微妙だよ。文章が書ければ誰でもなれるし、参入ハードルはかなり低い。わたしの場合は、自分の名前が出るような仕事をしたり、SNS

でブランディングをしたりと、「オンリーワン」なライターを目指してやってきたので、何とかなっています。スキルに自信のない人は付加価値をつけるべし。

③ 直接取引をする

仕事というのは関係者があいだに入れば入るほど、ひとりあたりの取り分が少なくなるものです。

①企業→②編集プロダクション→③編集者→④ライター

というように、**人を挟むことで取り分は減っていきます。**お仕事を紹介してくれるサービスなどもそうで、サービスを提供している会社が仲介手数料を取っているので、自分の取り分は減っているはず。

だから、**ひとりですべてできるような人は、直で企業に営業をかけましょう。**「直クライアント仕事」が増えれば取り分は増えるからね。

もちろん、作業工程を全部賄わなくちゃいけなくなることで、負担は大きくなります。覚悟のうえで！

④外注する立場にまわる

そこで出てくる新しい選択肢が「外注」です。誰かに仕事を振り、自分は最終チェックやクライアントとやり取りをする側にまわることです。

自分の手のまわらないところをやってもらえるので、単純に自分の時間は増えるし、より多くの仕事をこなせるようになります。

チームや会社を作ることで、大きな仕事にも携われるようになる。そうすると、**収入はそのままに、稼働時間を減らすことが実現できるようになります。**

⑤ 自分の商品を作る

商品やサービスはもちろん、**講座やコミュニティなども商品のひとつ。**自分でゼロから作るものなので、そのまま自分の収入になります。

自分の都合で動けるようになるので仕事の調整も利きやすいし、自由度が高いのも魅力。

たとえば、講座の動画などは一度収録してしまえば、実質的な稼働はその収録時間だけで済むので、自分の時間がどんどん増えていきます。

コミュニティや講座は、自分が持っているスキルをシェアすることで、未来に一緒に働く仲間を育てることもできます。わたしも運営しているスクールの生徒さんに、お仕事をお願いすることが多いです。

稼げるフリーランスになりたい。

わたしもそう思ってました。でも今となっては、「稼げる」の基準を自分が幸せでいられる収入の基準にちゃんと合わせたほうがいいと思うし、そのためにやりたくないことをやることは本末転倒だと思っています。

この全体像が見えているうえで、自分に合った選択肢が取れる人が稼げる……かは知らんけど、理想的なフリーランスなんじゃないかな！

まとめ

自分の幸せに必要な稼ぎ方を見極めて、手段を選んでいこう

フリーランスになった「目的」を見失わない

わたしは、自分の苦手なことをやらずに、好きな仕事をするためにフリーランスになりました。でも、気づいたらめちゃくちゃ仕事を引き受けて、忙殺されるような日々を送っていたことがあります。

フリーランスを続けるうえで、**「何のためにフリーランスになったんだっけ？」と立ち止まり、目的を見失わないようにする**ことは、簡単なようで難しいことです。

フリーランスになることに対して、はじめはさまざまな葛藤があったはず。だって、会社を辞めるのって、すごく勇気がいることだと思うんです。「明日からの生

活、どうしよう」と不安になるし、一緒に今までやってきた仲間は隣にはいないし、毎月入ってきていた収入もなくなるわけだし。

その決意や想いを忘れないように、ちゃんと書いて残しておいて、いつでも立ち帰れるようにしておいてください。わたしは、フリーランスになると決めたときに書いた決意表明を、何度も何度も見返してきました。

それがあれば、挫けそうになったときにも「このために会社を辞めたんだから！」ともうひと踏ん張りする力にもなります。もう一度、絶対に目的を見失わないで。

まとめ

「何のためにフリーランスになったんだっけ？」を見失わない

定期的に理想を描いて、行動指針を決めていこう

キャリアのワークなどで、「理想の働き方を考えてみよう！」「理想の自分を想像してみよう！」というものがあります。

一見モチベーションを上げるためのワークのように感じるけど、実はこれはすごく現実的な**〝理想を叶える手段〟**なのです。

今の自分と理想の自分とのギャップを浮き彫りにさせて、「じゃあ具体的にどう行動していけばいいんだっけ？」と明日からの行動指針を定めるために、わたしたちは理想を描くんです。

たとえば、最近すごく暑くてしんどくて、「夏だけでも涼しいところで過ごしたいな」と思っていたとします。これだけだと単なる願いですよね。

これを具体的にしていくと、「夏だけでも涼しいところで過ごしたい」→「フルリモートで働ける環境が必要」→「現場依存する仕事を減らす必要がある」→「Webスキルを磨く必要がある」→「自分が取得できそうなWebスキルについて調べる」→「学べそうなスクールを比較検討してみる」というようになります。

理想を具体的に描くほど、今すぐやるべきことが見えてくるのです。

この、理想というのは定期的に思い描くのがオススメです。理想を描くのを忘れると、気づいたら理想とはズレることをやってしまいがちだから。

わたしは「無理なく程よく働く」「何があってもおうちでも働ける環境」が理想のはずなのに、気づいたら毎日予定がパンパンに詰まっていたり、外に出かけなければならないような状況によく陥っていて、いつも反省しています。

明日の行動指針を決めるためにも、定期的に理想を思い描こう。1日1日が未来を作るから。

まとめ

理想を具体的にしていくと、現実になっていく

フリーランスに欠かせない「振り返り」

わたしはフリーランスになった当初から、毎月やっていることがあります。**それは、Web上で月報を書いて毎月の活動を振り返ることです。**最初は、「フリーランスとして生きるには勇気がいるから、応援してくれる味方がほしい」という想いから始めました。

しかし、月報は気づけばわたしのフリーランスライフに欠かせなくなり、今では全フリーランスに勧めたい習慣だと思っています。

ここでは、フリーランスにとって大切な「振り返り」の話と、わたしが書いている月報の中身をシェアしたいと思います！　まずは、振り返りの大切さについて。

①自分の現在地を確認しながら、未来に向かえる

フリーランスは、目指す方向を自由に決められます。でも自由だからこそ、今の自分が何をやっているのか、未来の自分はどうするべきかがわからなくなるときがあります。

そんなときに、**振り返りを行う習慣があれば、過去にあった出来事や仕事を思い出していく作業が発生**します。結果、目的からズレていることに気づけたり、軌道修正をするためのきっかけにできたりします。

実際にわたしもその月の仕事を並べたときに、「全然書きたいことを書けてなかったな」「休んでいるつもりだったけど、めちゃくちゃ働いていたな」など、気づきを得ることが多いです。

「今、自分はこういう状態だ」と認識することで、「今度はこうしよう」と思える。

理想と現実をすり合わせる作業を繰り返しながら進んでいくことで、描いていた理

想の自分に近づけられるはずです。

②「振り返り」自体が営業ツールになる

フリーランスの場合、「この記事を書きました」「この動画を作りました」と明示することと自体がポートフォリオになります。

振り返りをまとめていれば、自分がどんな仕事をしているのかを具体的に伝えることができます。つまり、**月報から仕事に繋がる可能性があるということ！**

これはフリーランスあるあるなのですが、ポートフォリオの更新は億劫になってしまうものです。そんなとき、一定期間の振り返りがあればポートフォリオを更新せずとも、自分の最新の仕事内容を全世界に向けて発信することができます。

自分にとっては、やった仕事を覚えておくための備忘録。でも、それと同時に**外部に向けての最強の営業ツールにもなる**わけです。

③「仕事を頑張っている感」をアピールすると、味方ができる

自分が前に進んでいる姿を見せるって大事だと思うんですよ。

これはプロセスエコノミーと呼ばれるもので、商品が作られていく過程や込められた想いを発信すると商品にファンがついていくように、取り組んでいることや挑戦していることをアピールすると、絶対に応援をしてくれる人が現れると信じています。

実際にリアルでも、「月報見たよ！ 今はこんな仕事をしてるんだね」と言ってもらえることが増えました。

頑張っていることは、内緒にするよりもオープンにしたほうがいい。そのほうが、一緒に仕事をしたいと思ってくれる人や、応援したいと思ってくれる人が増えるはずです。

④「振り返り」に書いてあること

さて、ここからはわたしが「振り返り」として、毎月月報として書いている内容をシェアしてみます。基本的には**「何をアピールしたいか」**を起点に考えるといいと思います。

みなさんも、ぜひアレンジして使ってみてください！

1 今月のニュース

まず、自分にとってのニュースを書きます。対外的にお知らせしたい大きなニュースでもいいし、どうでもいい個人的なニュースでも構いません。

過去に書いた月報を見返してみると、「デザインの勉強を始めました」「オーディション番組にハマり生活が大崩壊しました」「結婚式で訪れたグアムで台風に遭遇しました」などもニュースとして取り上げていました。その月のハイライトのようなイメージで、1〜3個ほどピックアップしてみてください。

② 今月のお仕事

次に、1か月間で取り組んだ仕事について書きます。

あわせて、わたしは仕事に対する感想も添えることが多いです。こうすると、ここから記事を読んでもらえることもありますし、クライアントにも喜ばれます。

特に、今後も力を入れていきたい領域であれば、**「またこんな仕事をやりたい！」と熱く語るのはめちゃくちゃアリ**です。

③ 今月読まれた記事／バズった投稿など

個人でも発信しているなら、その月に発信したものを月報にまとめることで、改めて読んでもらえる可能性もあります。リンクを貼らない手はありません！

「まとめられているとお得に感じる→見たくなる」心理を利用して、個人的に力作だと思った記事や、バズった投稿などをピックアップしておけば、気軽に読んでもらえると思います。注意しておきたいのが、調子に乗って大量に投稿を載せないこと。せいぜい5本程度に留めておきましょう！

4 今月の〇〇（趣味）

フリーランスにとって、**「好きなもの」や「趣味」を伝えるのって地味に仕事に繋がる**と思っています。

なので、月報のなかでは、今やっている仕事だけではなく、「好きなもの」や「趣味」についても伝えられるといいと思います。

参考までに、今わたしがやっているのは「今月の旅（旅行で行った場所）」「今月のインプット（読んだ本や観たアニメなど）」「今月のポンコツ（やらかしたこと）」など。

他にも、「今月巡った温泉」「今月買ってよかったもの」「今月食べたラーメン」など、本当に何でもいいと思うのですが、自分の好きなことを伝えるようにしてみましょう！

5 年次目標進捗

年始に立てた目標って、月次で追っていかないと絶対に達成できないよな……と感じたので、月報を利用して追うようにしています。たとえば、年間100冊本を読みたいなら、月8冊読むことを目標として置いておく。

もちろん達成できないこともあるけど、「現時点で○冊だから、来月は巻き返そう」と士気が上がるので、**数字で追える目標がある方は、ぜひ月報で進捗管理してみてください。**

6 お知らせ

最後に、「お知らせ」では、対外的に知らせておきたいことを言ってもいいし、来月やることを宣言してみてもいいと思います。来月に向けてコメントをしてみてください。

ここまで、「振り返りをすることで、対外的に自分のやっていることをアピールできるよ」という話をしてきましたが、**結局はすべて自分のためにやることだ**と思うんだよね。これまでの月報を読み返してみると、着実に歩んできた道のりを感じられて自分に自信が持てるし、大変だった日々や目まぐるしかった時期もすべて愛おしく思えます。

忙しいなかでも、月の終わりぐらいは1か月の自分を振り返る時間を作ってみる。そうすることで、フリーランスとして前に進んでいる実感が得られると思います。よかったら、ぜひ試してみてね！

まとめ

毎月の振り返りを習慣にしよう

COLUMN

6

「やりたいこと」はなくていい

ここまでいろいろとあった、わたしの紆余曲折キャリア。一体どういう基準で仕事を選んできたんだ……というと、「やりたい」よりも「ヤダ！」をベースに考えてきたことに気がつきました。

わたしは人生において、特にやりたいことがありません。思い返してみると、「営業がヤダ↓広告が形に残らないのがヤダ↓裁量を持って仕事ができないのがヤダ↓フリーランス」という、「ヤダ！」に忠実に生きてきたみたいです。

「やってみないとわからない」ことが大半なのが当たり前で、「合うと思ってたけど違ったな」とギャップを抱くことがたくさんあると思います。

もちろん、調べたり、話を聞いたりして予想することはできるかもしれないけど、一発で自分にぴったり合った仕事や職業を引き当てられる人ってそんなにいないような気がします。

あるいは、「ヤダ！」と思いながら我慢をして働き続け、心と身体を壊してしまったり、「仕事ってこんなもんだよね」と惰性で生きてしまったりね。そんなことも珍しくないんじゃないかな。

一方で、そんな人を踏みとどまらせるのもまた、「やりたいことがない」という引け目だと思うのです。世の中の風潮的に、「やりたいことがある」人は素晴らしくて、「やりたいことがない」人はちょっと残念、というイメージもありますよね。

でも、わたしは「ヤダ！」に敏感になるからこそ、理想に近づいていけるんじゃないかと思っています。**誰しもやりたいことはなくても、やりたくないことがあるはずだからです。**結論、やりたいことがなくてもええんやで。

おわりに

あまりに生々しく、リアルなフリーランスライフをお届けしてしまいました。大丈夫？　みんなドン引きしてない（笑）？

本当に何度でも言いたいけれど、わたしは別にフリーランスをオススメしているわけじゃないのよな。うまくいかなかった人もたくさん見てきたし、わたし自身も「フリーランスってしんどいな」と思います。

でも、わたしにとってはやっぱり今のところ、フリーランス以外は考えられない。

わたしのなかで大切にしている考え方のひとつに**「知らないものは選べない」**というのがあります。

「井の中の蛙、大海を知らず」ということわざがあるように、海という存在を知らなければ小さな井戸でちゃぽちゃぽと泳ぐしかない。でも、ちょっとでも勇気を出して新しい場所に飛び込んでみたり、知らない人と関わってみたり、これまでやったことのないようなことをしてみるだけでも、世界はどんどん広がっていきます。**本を読むことだって、自分の世界を広げる手段のひとつです。**この本を手に取っているあなたは、今の自分の働き方に納得がいっていなかったり、自分の性質と向き合えずに苦しんでいたり、この先どうやって生きていこうか悩んでいたり。そんな人が多いんじゃないかと思います。

でも、あなたは今、ADHDを抱えながら生きている人を知りました。フリーランスという働き方のリアルを知りました。

それは、あなたの人生のなかに新しい選択肢が生まれたことを意味します。

この本が、これから歩む道のりのなかで、何かの道標になれたなら嬉しいです。

ご感想などがあれば、ぜひ、SNSで「#ADHDフリーランス」を付けて、「@milkprincess17」宛に投稿してみてください。かならず応援しにいきます！

著者　**いしかわ ゆき**

ライター。早稲田大学文化構想学部文芸・ジャーナリズム論系卒。Webメディア「新R25」編集部を経て2019年にライターとして独立。ADHDとHSPを抱えながら、生きづらい世界をいい感じに泳ぐために発信を続ける。著書に『書く習慣』『聞く習慣』(以上、クロスメディア・パブリッシング)、『ポンコツなわたしで、生きていく。』(技術評論社)など。「書く+a」のスキルを学ぶスクール「Marble」とnoteメンバーシップ「ポンコツ同盟」を運営中。
X:@milkprincess17　Instagram:@milkprincess17　note:@milkprincess17

監修　**Workship MAGAZINE**(ワークシップ マガジン)

2017年5月にスタートした、日本最大級のフリーランス・副業者向けWebメディア。エンジニア、デザイナー、ディレクター、マーケター、ライターなど、デジタル系専門職のフリーランスや副業をしている人にとって役立ち、刺激になる情報を発信している。働き方、ライフスタイル、案件獲得、税金、資産形成、法律、便利ツール、スクールなど、キャリアを拡げるうえで知っておくべき情報も紹介。
HP=https://goworkship.com/magazine/

イラスト　杉江慎介
ブックデザイン　西垂水 敦・内田裕乃(krran)

本書は、Webメディア「Workship MAGAZINE」での連載「健康で文化的なADHDフリーランスのお仕事ハック」に大幅な加筆修正をし、書下ろしを加えたものです。

ADHD会社員、フリーランスになる。
自分らしく生きるためのお仕事ハック

2024年10月23日　初版第1刷発行

著　者　いしかわ ゆき
監　修　Workship MAGAZINE

発行者　松原淑子
発行所　清流出版株式会社
〒101-0051　東京都千代田区神田神保町3-7-1
電話　03-3288-5405
ホームページ　https://www.seiryupub.co.jp/

編集担当　秋篠貴子
印刷・製本　シナノパブリッシングプレス

乱丁・落丁本はお取替えいたします。
ISBN978-4-86029-569-1
本書をお読みになった感想を、QRコード、URLからお送りください。

https://pro.form-mailer.jp/fms/91270fd3254235